AF877187

UNSERE KRIM

UNSERE KRIM

Staatsstreich oder demokratische Entscheidung

Hendrik Weber

tredition

© 2025 HBH Media
www.hbh-media.net

Autor: Hendrik Weber
Herausgeber: Janne Beck Herhaus
Vorwrot: Dr. G. L. Muradov
Umschlag, Illustration: MZ Media
Lektorat, Korrektorat: HBH Media

1. Veröffentlichung 2019 ISBN: 978-3-7504-1247-7

Druck und Distribution im Auftrag des Autors:
tredition GmbH, Heinz-Beusen-Stieg 5, 22926 Ahrensburg, Deutschland

Das Werk, einschließlich seiner Teile, ist urheberrechtlich geschützt. Für die Inhalte ist der Autor verantwortlich. Jede Verwertung ist ohne seine Zustimmung unzulässig. Die Publikation und Verbreitung erfolgen im Auftrag des Autors, zu erreichen unter: tredition GmbH, Abteilung "Impressumservice", Heinz-Beusen-Stieg 5, 22926 Ahrensburg, Deutschland.

Kontaktadresse nach EU-Produktsicherheitsverordnung: impressumservice@tredition.com

INHALTSVERZEICHNIS

VORWORT

ANTIRUSSISCHE SANKTIONEN: EIN GEFÄHRLICHER WEG EUROPAS, DER IN EINE SACKGASSE FÜHRT.

Zuallererst möchte ich dem Autor dieses Buches für die Möglichkeit danken, die zu informieren, die an wahrheitsgemäßer Information über Russland und der Krim interessiert sind, und die unsere Position zu einem so sensiblen Thema, wie Sanktionen, die unsere fragile und aus dem Gleichgewicht gekommene Welt ruinieren, kennenlernen wollen.
In dieser Hinsicht möchte ich gerne drei Hauptthemen nennen.

Der erste Aspekt ist der ökonomische Einfluss der illegalen Sanktionspolitik der westlichen Länder. Wir betiteln diese als illegal, denn legal kann diese nur sein, wenn sie vom UN-Sicherheitsrat beschlossen wird. Die Absurdität dieser Politik gegen Russland, ein Land, das nicht nur eine starke und stabile Wirtschaft hat, sondern auch in der Tat eine Ressourcenbasis für Europa darstellt, ist offensichtlich. Es entsteht der Anschein, als ob jemand die Tür zu seiner eigenen Kammer, gefüllt mit wichtigen Waren, schließt und sich selbst der Dinge beraubt, die er täglich braucht. Und es sieht ungünstig aus.

Gemäß unserer Einschätzung ist der Verlust für die Wirtschaft Europas viermal höher als die Russlands (50 Milliarden US-Dollar Verlust für Russland und mehr als 200 Milliarden US-Dollar für die EU-

Länder). Lassen Sie mich unterstreichen, dass Russlands Gegenmaßnahmen absolut symbolisch waren und nur den Agrarsektor betrafen. Diese Umstände brachten uns die schnelle Entwicklung unserer eigenen Landwirtschaft.
Ferner zerstört die Sanktionspolitik die Weltwirtschaft und das Kapital der Welthandelsorganisation.

Der zweite Aspekt bezieht sich auf die Sanktionen, die aus einem politischen Standpunkt gesehen zu Instabilität und in den internationalen Beziehungen in eine Sackgasse führen. Sie können der Grund für Konfrontationen zwischen den involvierten Ländern sein und einen realen Konflikt schaffen.
Ohnehin endete historisch gesehen Wirtschaftspolitik häufig mit Krieg und Zerstörung. Wollen wir das wirklich? Natürlich nicht! Das ist der Grund, warum wir die Sanktionen gegen Russland eine Sackgasse nennen.

Der dritte Aspekt ist ein humanitärer. Die Sanktionspolitik beeinträchtigt die Lebensstandards und die Qualität unserer Gesellschaft. Die Wachstumsrate der Arbeitslosigkeit, soziale Spannungen und die Abnahme des Realeinkommens der Bevölkerung sind praktische Ergebnisse dieser Politik.
Eine bildhafte Demonstration dieser Politik sind Sanktionen gegen Syrien, um internationalen Terrorismus zu bekämpfen, und gegen Venezuela, ein Land, das für die eigene Souveränität und gegen den Eingriff in innere Angelegenheiten des Staates kämpft.

Sofern unser Land betroffen ist, vergessen die Organisatoren der Sanktionen die starke Existenzfähigkeit Russlands, ein Land, das selber über alle natürlichen Ressourcen und Produktionsmöglichkeiten verfügt. Unsere Belastbarkeit ist deutlich höher als die Europas. In dieser Hinsicht möchte ich darauf hinweisen, dass wir über historische Erfahrungen verfügen.

Bezüglich der Krim, von der es heißt, Russland hätte ein Gebiet mit Russen «besetzt» (verrückt, nicht wahr?), war es das Bestreben der EU, die totale Blockade dieser russischen Republik zu organisieren. Dies war als Strafe für die Einwohner der Krim gedacht, die (97 % der Bewohner) bei dem legalen Volksentscheid 2014 für die Wiedervereinigung mit Russland stimmten. Es ist der höchste demokratische Ausdruck des Willens der Menschen, im Einklang mit den Gesetzen der Autonomen Republik Krim und der ukrainischen Verfassung (Art. 138.2).

Aber die Initiatoren dieser Sanktionspolitik müssen die Sinnlosigkeit darin verstehen, eine einzelne Region des mächtigen Russlands zu blockieren. Der Beweis dieser Affirmation ist eine rapide Entwicklung der Krim ungeachtet der Sanktionen.
Als ein Ergebnis der Transportblockade hat Russland Auto- und Eisenbahnbrücken sowie einen modernen internationalen Flughafen errichtet. In Erwiderung zu der, durch ukrainische Nationalisten verursachten Sprengung von Stromleitungen, die 80 % der Energie lieferten (und das passierte während des Winters), erwarb Russland sofort hunderte von Stromgeneratoren. Letzten Endes haben wir jetzt zwei enorme Stromkraftwerke auf der Halbinsel selbst fertiggestellt.

Es gibt viele weitere Beispiele für die Ineffizienz der Anti-Krim-Sanktionen.
Das generelle Ergebnis dieser Blockade waren 50 % Zunahme unseres Bruttosozialproduktes in den letzten vier Jahren, ebenso gut wie die Tourismusbranche auf der Halbinsel ein erhebliches Einkommen erwirtschaftet.
All das Obengenannte demonstriert, dass das Regime der Sanktionen generell nutzlos und schädigend für alle Länder und Menschen ist, die in dieses tragische Spiel involviert sind. Wir müssen wirksame Maßnahmen ergreifen, um dies zu stoppen und zu einer fruchtenden konstruktiven Kooperation zwischen Europa und Russland zurückzukehren.

Abschließend würde ich gerne Repräsentanten der Geschäftswelt auf die Krim zum sechsten Yalta International Economic Forum im April 2020, einladen, um unserem Einsatz für eine neue, positive Agenda und den Aufbau unseres gemeinsamen Wohlstandes beizuwohnen.
Die Organisation Volksdiplomatie Norwegen unter Leitung von Hendrik Weber hat die Krim bereits viele Male besucht und die Auswirkungen der Sanktionen, aber auch die Entwicklung der Krim mit eigenen Augen gesehen.

Zum Thema Sanktionen möchte ich schließlich an die symbolischen Worte eines «Rubais», dem Werk des antiken Philosophen und Dichters Omar Chayyām, erinnern:
«Diese, die vom Leben gebissen werden, erreichen viel mehr in Taten,
Wer ein Gel aus Salz gegessen hat, wird den Honig stärker schätzen.

Wer viele Tränen vergoss, dessen Lachen wird herzlich sein,
Und die, die starben, die wertschätzen das Leben so sehr.»

Mit freundlichen Grüßen

Dr. Georgy L. Muradov
Stellvertretender Ministerpräsident, ständiger Vertreter der Republik Krim beim Präsidenten der Russischen Föderation, Botschafter

EINLEITUNG

Ich möchte dieses Buch mit einem Zitat beginnen: *«Nun, natürlich, das Volk will keinen Krieg. Warum sollte auch irgendein armer Landarbeiter im Krieg sein Leben aufs Spiel setzen wollen, wenn das Beste ist, was er dabei herausholen kann, dass er mit heilen Knochen zurückkommt? Natürlich, das einfache Volk will keinen Krieg; weder in Russland, noch in England, noch in Amerika, und ebenso wenig in Deutschland. Das ist klar.*
Aber schließlich sind es die Führer eines Landes, die die Politik bestimmen, und es ist immer leicht, das Volk zum Mitmachen zu bringen, ob es sich nun um eine Demokratie, eine faschistische Diktatur, um ein Parlament oder eine kommunistische Diktatur handelt. (...)
Das Volk kann mit oder ohne Stimmrecht immer dazu gebracht werden, den Befehlen der Führer zu folgen. Das ist ganz einfach. Man braucht nichts zu tun, als dem Volk zu sagen, es würde angegriffen, und den Pazifisten ihren Mangel an Patriotismus vorzuwerfen und zu behaupten, sie brächten das Land in Gefahr. Diese Methode funktioniert in jedem Land.»[1]

Das Zitat stammt vom 18. April 1946 und ist von Hermann Göring, als er in der Gefängniszelle in Nürnberg sein letztes Interview gab.

Kann man diese Aussagen auch auf die heutige Zeit übertragen? Durch unsere Regierungen und

Medien wird uns tagtäglich Angst gemacht. Angst vor dem Verlust des Arbeitsplatzes, vor einer schlechteren sozialen Absicherung, vor dem islamischen Terrorismus, dem Iran, Nordkorea und natürlich Angst vor Russland. Angst ist allerdings ein schlechter Ratgeber: Sie lähmt uns, die richtigen Entschlüsse zu fassen und für diese zu streiten.

Medien spielen in der heutigen Politik eine noch viel wichtigere Rolle als zu Hermann Görings Zeiten. Sie transportieren die Meinung der Regierung in unsere Wohnzimmer und teilen uns allzu oft auch gleichzeitig mit, wie wir über die jeweilige Nachricht zu denken haben.

Medien, die in ihren Artikeln von der offiziellen Meinung abweichen, werden von den etablierten Medien als Fake News beschimpft und teilweise aktiv in ihrer Arbeit behindert. Das heißt selbstverständlich nicht, dass unsere staatlich kontrollierten Medien generell schlecht und sogenannte alternative Medien generell gut sind. Durch das Internet haben unsere staatlichen Medien und große Medienhäuser in den letzten Jahren ohnehin dramatisch an Einfluss verloren. Die Verkaufszahlen der meisten Zeitschriften und Zeitungen fallen seit Jahren.[2] Heute hat jeder die Möglichkeit, weltweit Informationen aus dem Internet zu bekommen: an jedem Ort und zu jeder Zeit. Es ist scheinbar einfacher geworden, sich eine eigene Meinung zu bilden.

Noch vor 20 Jahren wäre das undenkbar gewesen. Während man damals auf die Fernsehnachrichten angewiesen war, um zum Beispiel

Informationen aus einer Pressekonferenz zu erhalten, ist es heute möglich, das gesamte Geschehen live im Internet zu verfolgen und gleichzeitig auch noch Kommentare oder Einschätzungen der jeweiligen Journalisten zu erhalten. Diese ständige Verfügbarkeit von Informationen hat unsere Möglichkeiten der Informationsbeschaffung stark erweitert, birgt aber gleichzeitig auch große Risiken. Zeitungen und Medienhäuser sehen sich unter dem stetigen Druck, neue Nachrichten so schnell wie möglich zu veröffentlichen. In einer Welt, in der Medienhäuser im Wettbewerb zueinander stehen und um Werbeeinnahmen kämpfen müssen, zählen vor allem Geschwindigkeit und die Anzahl der Zugriffe auf die jeweiligen Internetseiten. Eine gute Recherche aber braucht Zeit und kostet daher Geld. Beides ist im derzeitigen Medienalltag kaum vorhanden. Das führt dazu, dass Journalisten und Reporter nicht mehr die Freiheit haben, eine Nachricht wirklich fundiert zu recherchieren.

Die sogenannten «alternativen Medien», die sich auf einzelne Themen oder Nachrichten konzentrieren können und dazu teilweise sehr sachliche und fundierte Artikel schreiben, gewinnen immer mehr Leser, weil der Informationsgehalt ihrer Artikel oft erheblich höher ist als der sogenannten «Mainstream-Medien».
Das führt dazu, dass Medienhäuser und damit auch der Staat immer mehr das Monopol auf die Meinungsbildung verlieren. Beide kommen durch aufgeklärte Bürger immer mehr unter Druck. Offensichtlich werden falsche oder ungenaue Berichte und Artikel schneller enttarnt, wodurch der Druck auf die Medienhäuser noch verstärkt wird.

Das Resultat ist, dass in vielen Ländern sogenannte «Faktenfinder» eingerichtet wurden. Diese Organisationen sollen den Zuschauern und Lesern bei strittigen Themen die reinen Fakten liefern. Die Gemeinsamkeit bei fast allen dieser Organisationen besteht darin, dass sie von einem Zusammenschluss der grössten Medienhäuser der jeweiligen Länder finanziert werden.[3] Hier kontrolliert der Kollege den Angeklagten. Wie objektiv und neutral diese Faktenfinder im Endeffekt wirklich sind, ist daher fraglich.

Im Zuge der sogenannten Ukraine-Krise von 2014 haben die Medienhäuser einem Sturm von entrüsteten Bürgern gegenübergestanden. Leser warfen den Zeitungen vor, zu einseitig zu berichten und die wichtigen Zusammenhänge nicht ausreichend zu erklären.

In diesem Buch will ich mich mit den Themen Ukraine, Krim und Donbass und der gefühlten Angst vor Russland befassen. Ist diese Angst wirklich berechtigt oder nur erzeugt? Meine Antwort dazu ist klar: Sie ist seit Jahren künstlich erzeugt. Das Einzige, was uns helfen kann, diese Angst und das Misstrauen zu überwinden, ist ein Dialog mit Russland und gegenseitiges Verständnis. Verständnis heißt dabei nicht, dass man sich die Meinung des anderen zu eigen machen muss. Aber Dialog und Diplomatie helfen, den anderen zu verstehen, um die Situation richtig einschätzen zu können. Man kann dies Volksdiplomatie nennen.
Mit Russland verband mich bis 2015 gar nichts. Ich hatte weder russische Freunde noch russische Arbeitskollegen und hatte daher keinerlei Kontakte

zu Menschen aus Russland. In den Jahren zuvor hatte ich die Nachrichten im Bezug auf Russland weder im Fernsehen noch in der Zeitung besonders aufmerksam verfolgt.
Einzig von meinem Großvater, der im Zweiten Weltkrieg zwischen 1941 und 1944 als Panzergrenadier der 6. Panzerdivision in Russland gekämpft hat, kannte ich Geschichten mit oder von Russen.

Ende 2013, im Zuge der Ukraine-Krise und der beginnenden Demonstrationen auf dem Maidan in Kiew, mehrten sich die Zeitungsartikel in unseren westlichen Medien darüber, dass Russland der eigentliche Auslöser der Unstimmigkeiten zwischen West und Ost war.
Vladimir Putin, der 2012 erneut zum russischen Präsidenten gewählt worden war, wurde in westlichen Medien persönlich für die Ausschreitungen und das Scheitern der Verhandlungen zwischen der Ukraine und der Europäischen Union verantwortlich gemacht. Er wolle einen Keil zwischen Europa treiben. Das Bild eines skrupellosen Despoten, der auch vor dem Abschuss von Passagierflugzeugen (MH 17) nicht zurückschreckte, um seine Ziele zu erreichen, wurde auf Zeitschriften-Covern und in Zeitungsartikeln verbreitet.[4]

In den darauffolgenden Jahren, als die Krim längst wieder ein Teil der Russischen Föderation geworden war, und in der Ostukraine die beiden selbstständigen Republiken Donezk und Lugansk ausgerufen worden waren, rissen die Zeitungsartikel über ein «unberechenbares Russland» nicht ab.

Anfang 2015 habe ich angefangen, mich für die Zusammenhänge in Russland und in der Ukraine zu interessieren. Auslöser für dieses Interesse war einzig und allein die Berichterstattung unserer westlichen Medien, in welchen der russische Präsident Putin nahezu für alles Unheil in der Welt verantwortlich gemacht wurde. Die Überschriften waren teilweise derart übertrieben und polemisch gestaltet, dass es mir schwerfiel, mich den Artikeln mit dem nötigen Ernst zu widmen. «Wann stoppt die Welt endlich Putin?», «Der Putin-Komplex», «Putin-Russland übt Krieg über Schweden und Norwegen» und so weiter. Es sah dabei so aus, als wolle Präsident Putin die Weltherrschaft ergreifen, während der Westen nur Demokratie und Menschenrechte fördern wollte.

Zwei Dinge haben mich dabei besonders angetrieben:

1. Ich sah und ich sehe noch immer die Gefahr, dass wir den Kontakt zum größten Land der Erde verlieren. Ein isoliertes Russland kann für uns weder wirtschaftlich noch politisch erstrebenswert sein.
2. Ich finde es ganz einfach nicht gerecht, wenn wir Russlands Handeln mit einem anderen Maß messen als unser eigenes: Sei es das Handeln der EU-Staaten, Norwegens, der USA oder das der NATO. Wir berufen uns auf das Völkerrecht, wenn es uns passt, ansonsten finden wir andere Erklärungen.

Mir schien es wichtig und an der Zeit, mich mehr mit diesem komplexen Thema auseinanderzusetzen, um die Zusammenhänge besser zu verstehen.

Deutschland und Russland verbinden eine lange gemeinsame Geschichte, die bis in das Jahr um 970 nach Christus zurückreicht. Gegenseitiger Respekt und Anerkennung für Leistungen in Kunst, Literatur, Wissenschaft und Technik, trugen selbst in schwierigen Zeiten zu einem überaus guten Umgang miteinander bei.

In Norwegen verbindet uns nicht nur eine gemeinsame neuere Geschichte im Kampf gegen die Nazis im Zweiten Weltkrieg, sondern auch eine gemeinsame Grenze im Norden. Anders als andere Staaten haben sich die sowjetischen Soldaten nach der Befreiung Norwegens umgehend komplett zurückgezogen. Im Norden Norwegens bestehen seit Jahren enge und grenzüberschreitende Verbindungen mit russischen Kultur- und Sportvereinen, zwischen Geschäftsleuten und Freunden. Auf dem zentralen Friedhof in Oslo steht die ca. vier Meter hohe Statue eines sowjetischen Soldaten und darunter die Inschrift «Norwegen dankt euch».

Das politische Norwegen hingegen, wie auch die meisten anderen europäischen Regierungen, baut eine drohende Gefahr auf, die die Bürger unter anderem dazu bewegen soll, mindestens 2 Prozent ihres Bruttoinlandsprodukts für Rüstung auszugeben. Nur sehr wenige offizielle Kontakte zwischen den europäischen Staatsoberhäuptern und dem russischen Präsidenten sind seit 2014 überhaupt zustande gekommen. Die ehemalige norwegische Verteidigungsministerin Ina Eriksen Søreide sprach in einem CNN-Interview am 26. Februar 2015 davon, dass das Verhältnis zu Russland nie mehr so wird, wie es mal war. *«(...) Wir stehen vor einem anderen Russland. Ich möchte davor warnen, dass einige Leute das als etwas sehen, was vorübergehen wird. Die Situation hat sich geändert. Und sie hat sich grundlegend verändert.»*[5] Nicht viel anders reagieren auch andere europäische Minister und Regierungschefs. Die norwegische Staatsministerin Erna Solberg hat Russland Anfang 2019 zum ersten Mal seit fünf Jahren für ein kurzes Gespräch mit Vladimir Putin besucht.

Die Kette der Beschuldigungen gegen Russland und speziell gegen Präsident Vladimir Putin scheint nicht abzureißen. In vielen Medienberichten wird er als der persönlich Schuldige dargestellt. Das Scheitern des EU-Assoziierungsabkommens mit der Ukraine, die militärische Auseinandersetzung in der Ostukraine, der Abschuss der Passagiermaschine der Malaysia Airlines MH17, die Vergiftung des Doppelagenten Sergey Skripal und seiner Tochter im englischen Salisbury, die Einmischung in die US-Präsidentschaftswahlen etc.: Die Liste der Vorwürfe ist lang.
Das Problem bei allen diesen Anklagen ist, dass eindeutige Beweise fehlen. Als Reaktion auf die vermeintliche Vergiftung des Doppelagenten Sergey Skripal durch Russland, wies die Bundesrepublik Deutschland vier russische Diplomaten aus. Norwegen schickte einen Diplomaten zurück nach Russland.[6] Eine drastische Maßnahme für eine Tat, für die noch immer keine Beweise vorliegen. Die stellvertretende Regierungssprecherin der Bundesregierung sagt dazu im April 2018 in der Bundespressekonferenz, «*(...) dass es eine hohe Wahrscheinlichkeit für eine russische Verantwor-*

tung gibt und dass es aus unserer Sicht keine andere plausible Erklärung gibt.»[7]
Die ständige Wiederholung der Vorwürfe – auch ohne Beweise – lässt diese bei vielen automatisch zur Realität werden. Selbst wenn sich nachher herausstellen sollte, dass Russland keine Schuld trifft, so bleibt für viele unbedarfte Bürger doch ein Beigeschmack.

Ein anderes Beispiel dafür ist die angebliche Einmischung Russlands in die US-Präsidentschaftswahlen 2016. Als nach langen Ermittlungen des Sonderberaters Robert Mueller, 2019 der sogenannte Mueller-Report erschien, konnten keinerlei Beweise für eine russische Einmischung dokumentiert werden. Auch konnte keine unerlaubte Verbindung zwischen den Präsidenten Putin und US-Präsident Trump nachgewiesen werden, die zu rechtlichen Konsequenzen führen können. Durch die ständige Wiederholung der falschen Vorwürfe in den Jahren zuvor bleibt bei vielen Menschen trotzdem eine Verbindung zwischen «Russland» und den «US-Wahlen» hängen. Nach Veröffentlichung des Berichtes haben viele Medien ihre Strategie daher einfach geändert und behauptet, dass der Bericht keine konkreten Beweise vorlege, die Russland bzw. US-Präsident Donald Trump entlasten könne. Übergangen wird dabei von den Journalisten, dass ein Ermittler nicht zur Entlastung des Angeklagten eingesetzt wird, sondern zum Beweisen seiner Schuld.

Der Eindruck entsteht, dass der Westen im Verhältnis mit Russland mit einer Beweislastumkehr arbeitet. Wir legen zwar keine Beweise einer Schuld vor, sollte aber Russland tatsächlich unschuldig sein, muss es das erst einmal beweisen. Bei anderen Ländern verfahren wir nicht so.

Die Tatsache, dass der ehemalige US-Präsident Bush – genau wie der jetzige US-Außenminister Mike Pompeo – der Direktor des Geheimdienstes CIA[8] war, spielt in den meisten Medien keine Rolle, wohingegen Putin als verdächtig und gefährlich gilt, weil er beim KGB in Ostdeutschland als Offizier gearbeitet hat.

Während der frühere US-Präsident Obama den Friedensnobelpreis erhielt und beim Deutschen Evangelischen Kirchtag zum Thema «Engagiert Demokratie gestalten - Zuhause und in der Welt Verantwortung übernehmen» referierte, weitete er gleichzeitig den Drohnenkrieg[9] extrem aus. Dabei verschweigen unsere Zeitungen und Journalisten die Tatsache, dass Obama, als erster Präsident der USA, an jedem einzelnen Tag seiner Amtszeit Krieg geführt hat. Viel lieber erzählen uns die Medien, dass sehr wahrscheinlich Vladimir Putin den Befehl zum Abschuss des Passagierflugzeugs MH17 über der Ostukraine gegeben habe. Stichhaltige Beweise gibt es nicht und wenn, dann nur von selbsternannten Rechercheteams wie «Bellingcat» oder anderen zwielichtigen Netzwerken, die zum grössten Teil von US-amerikanischen ThinkTanks finanziert werden.

Das ist Messen mit zweierlei Maß. Unsere Medien blasen, mit Hilfe von vermeintlichen Russlandexperten, Nachrichten zu Top-Storys auf, obwohl bereits von Anfang an klar sein dürfte, dass keine Fakten dahinterstehen.

Wir sollten uns fragen, warum das passiert. Ist es nur Zufall oder steht eine Strategie dahinter?

GEOPOLITISCHES INTERESSE

Jedes Land verfolgt in seiner Außenpolitik geopolitische Interessen: die USA, die Länder der Europäischen Union und auch Russland. Zu glauben, dass der Westen keine geostrategischen Interessen hat, ist bestenfalls naiv.
In Bezug auf Russland fällt es uns oft leicht, dieses Interesse zu benennen. Der Grund dafür ist, dass diese Information gerne von den Medien transportiert wird, während das Benennen der eigenen Interessen oft im Hintergrund bleibt.

Das geopolitische Interesse der USA in Bezug auf den eurasischen Kontinent und Russland wurde bereits 1997 von Zbigniew Brzezinski in seinem Buch «Die einzige Weltmacht – Amerikas Strategie der Vorherrschaft»[10] beschrieben. Er war jedoch nicht der Erste, der diese Ziele beschrieben hat, sondern bezieht sich teilweise auf die Thesen des Engländers Halford Mackinder (1861–1947), der im Jahr 1904 einen Aufsatz veröffentlichte mit dem Titel «Der geografische Dreh- und Angelpunkt der Geschichte». Dieser Aufsatz ist die Grundlage für die sogenannte «Herzland-Theorie».
Mackinder teilte die Welt in verschiedene Teile und war der Meinung, dass die zusammenhängenden Kontinente Europa, Asien und Afrika die «Weltinsel» darstellen. Hier leben die meisten Menschen der Erde und hier gibt es die wichtigsten Bodenschätze und Ressourcen.
Er schreibt: «*Wer über Osteuropa herrscht, beherrscht das Herzland. Wer über das Herzland herr-*

scht, beherrscht die Weltinsel. Wer über die Weltinsel herrscht, beherrscht die Welt.»[11]

Zbigniew Brzezinski bezieht sich teilweise auf diese Theorie. In seinem Buch schrieb der ehemalige US-Präsidentenberater bereits vor Jahren nieder, wie sich seiner Meinung nach die Verhältnisse auf dem eurasischen Kontinent entwickeln müssen, damit die USA ihre Vormachtstellung in der Welt behalten. Er schreibt unter anderem:

«Die Ukraine, Aserbaidschan, Südkorea, die Türkei und der Iran stellen geopolitische Dreh- und Angelpunkte von entscheidender Bedeutung dar. (...) Die Ukraine, ein neuer und wichtiger Raum auf dem eurasischen Schachbrett, ist ein geopolitischer Dreh- und Angelpunkt, weil ihre bloße Existenz als unabhängiger Staat zur Umwandlung Russlands beiträgt. Ohne die Ukraine ist Russland kein eurasisches Reich mehr. Es kann trotzdem nach einem imperialen Status streben, würde aber dann ein vorwiegend asiatisches Reich werden, das aller Wahrscheinlichkeit nach in lähmende Konflikte mit aufbegehrenden Zentralasiaten hineingezogen würde, die den Verlust ihrer erst kürzlich erlangten Eigenständigkeit nicht hinnehmen und von den anderen islamischen Staaten im Süden Unterstützung erhalten würden. (...) Wenn Moskau allerdings die Herrschaft über die Ukraine mit ihren 52 Millionen Menschen, bedeutenden Bodenschätzen und dem Zugang zum Schwarzen Meer wiedergewinnen sollte, erlangte Russland automatisch die Mittel, ein mächtiges Europa und Asien umspannendes Reich zu werden. (...) Da

zunehmend Konsens darüber besteht, dass die Nationen Mitteleuropas sowohl in die EU als auch in die NATO aufgenommen werden sollten, richtet sich die Aufmerksamkeit auf den zukünftigen Status der Baltischen Republiken und vielleicht bald auf den der Ukraine.»[12]

Brzezinski beschreibt sehr genau die internationalen und geopolitischen Zusammenhänge und Schritte, die seiner Meinung nach nötig sind, damit die USA weiterhin die «einzige Weltmacht» bleiben. In einem ganzen Kapitel widmet er sich dabei den für ihn sehr wichtigen Themen Russland, Ukraine und Europa. Die Kernaussage seines Buches könnte man wie folgt zusammenfassen:
Die USA müssen den Einfluss auf Europa ausbauen und Europa und Russland voneinander trennen, um ihre Vormachtstellung zu behalten. Wenn man dem Glauben schenken möchte, kann man dieses Buch als eine Art Drehbuch ansehen, das momentan von der US-Regierung «abgearbeitet» wird.
Da Zbigniew Brzezinski der Berater gleich mehrerer US-Präsidenten war, sollte man es mit dem ehemaligen deutschen Bundeskanzler Helmut Schmidt halten, der schrieb: *«Ein Buch, das man lesen und ernst nehmen sollte.»*[13]

Auch der ehemalige stellvertretende US-Verteidigungsminister Paul Wolfowitz, der in seiner Funktion eine globale Militärstrategie ausarbeitete, kommt zu dem einfachen Beschluss:

«Unser erstes Ziel ist es, das Wiederauftreten eines neuen Rivalen auf dem Territorium der ehemaligen Sowjetunion oder woanders zu verhindern (...) und

eine feindliche Macht daran zu hindern, eine Region zu dominieren, deren Ressourcen unter konsolidierter Kontrolle ausreichen würden, eine Weltmacht entstehen zu lassen.»[14]
Im Vorfeld des zweiten Irakkrieges tauchte 2002 diese sogenannte «Wolfowitz-Doktrin», als «Bush-Doktrin», wieder auf, in welcher die USA auch militärische Maßnahmen und Präventivschläge gegen andere Staaten zum zentralen Bestandteil der Außenpolitik machten.

Die Politiker und Strategen der USA gehen mit ihren geopolitischen Überlegungen sehr offen um und verheimlichen ihre Absichten nur selten. Unzählige Bücher, Interviews, Internetseiten von NGO`s und ThinkTanks sowie Berichte, lassen tiefe Einblicke in die außenpolitischen Strategien der USA zu.

Wir vergessen leider allzu oft, dass es überhaupt geopolitische Interessen und Strategien gibt. Diese Interessen und Überlegungen sind oft abgekoppelt von unseren täglichen Entscheidungen und politischen Themen, mit denen wir uns befassen, und sind auf Jahre und Jahrzehnte hinaus geplant und vorbereitet. Wer dies für Verschwörungstheorien hält, der sollte sich Bücher wie «Die einzige Weltmacht» von Brzezinski durchlesen und mit der heutigen Politik der USA vergleichen.

Würden wir diese geopolitischen Interessen der verschiedenen Staaten besser im Blick haben, würden sich uns einige politische Zusammenhänge und Entscheidungen viel besser erschließen.

«In der Politik geschieht nichts zufällig. Wenn etwas geschieht, kann man sicher sein, dass es auch auf dieser Weise geplant war.»[15]

Franklin D. Roosevelt (US-Präsident 1882–1945)

DER MAIDAN

Um die Zusammenhänge in der Ukraine und die vermeintliche Annexion der Krim durch Russland im März 2014 sowie den Konflikt in der Ostukraine richtig einzuschätzen, ist es notwendig, die Chronologie der Ereignisse zu kennen. Nur so lässt sich verdeutlichen, welche Handlungen Folgen von Aktionen oder Reaktionen waren.

Das Assoziierungsabkommen zwischen der Europäischen Union und der Ukraine, welches die wirtschaftlichen und staatsrechtlichen Beziehungen zwischen den Vertragspartnern regelt, sollte eigentlich bereits im Jahr 2011 unterzeichnet werden. Am 21. November 2013 lehnte es der damalige ukrainische Präsident Viktor Janukowitsch allerdings per Dekret erneut ab, den Vertrag zu unterschreiben.[16] Präsident Janukowitsch und Ministerpräsident Asarow sahen vor sich, erst die wirtschaftlichen Probleme der Ukraine in den Griff zu bekommen, bevor sie als Bittsteller auf die Europäische Union angewiesen waren. Frühere Zusagen der Europäischen Union und des Internationalen Währungsfonds (IWF) auf finanzielle Hilfe waren nicht in dem von ihnen erwarteten Umfang eingehalten worden.[17] Die Schuld daran lag allerdings teilweise auch bei der ukrainischen Vorgängerregierung, die vereinbarte Absprachen nicht eingehalten hatte. Außerdem hatte der IWF einschneidende Reformen gefordert, die die ukrainische Führung unter Janukowitsch nicht akzeptieren konnte.

Der frühere ukrainische Ministerpräsident Nikolai Asarow sprach dazu 2016 in einem Interview mit dem Onlinemagazin Telepolis von den offensichtlichen Nachteilen des Assoziierungsabkommens für die Ukraine:

«(...) Ich würde gern noch zwei, drei Gedanken zum Inhalt dieses Assoziierungsabkommens anbringen. Das, was wir in Wahrheit nach Europa exportieren können, sind zum großen Teil Agrarprodukte. Aber genau diese Produktkategorien waren sehr limitiert durch Einfuhrquoten. Ein Beispiel: Als wir die Gespräche mit Europa begonnen haben, war die Quote für die Einfuhr von Getreide in die EU 20.000 Tonnen. Im Verlauf der Gespräche habe ich es geschafft, dass wir die Quote zumindest auf 200.000 Tonnen erhöhen konnten. Aber die Ukraine produziert mehr als 60 Millionen Tonnen. Und das potenzielle Volumen, das die Ukraine exportieren könnte, sind 30 Millionen Tonnen. Die Frage, die sich für mich natürlich gestellt hat, ist: «Was ist das für ein Freihandelsabkommen, wenn gerade das, was wir exportieren können, sich nicht exportieren lässt, weil man es durch Quoten sehr stark begrenzt?

Oder wir hätten mehr als eine Million Tonnen Fleisch in die EU liefern können. Und man hat uns eine Quote von 20.000 Tonnen gegeben. Wir wären auch in der Lage gewesen, ein großes Volumen an Stahl zu exportieren. Die Produkte des Maschinenbaus, die wir unter Umständen auch hätten exportieren können, waren natürlich limitiert und reglementiert durch die technischen Normen der EU, die nicht identisch waren mit denen der Ukraine.

Aus diesen ganzen Punkten heraus hat sich Ende 2013 die Meinung manifestiert, dass der ökonomische Teil des Assoziierungsabkommens in der derzeitigen Form für die Ukraine nicht vorteilhaft gewesen wäre. (...) Aber im November 2013, was hatten wir damals vor dem Gipfeltreffen mit der EU? Die finanzielle Hilfe für die Modernisierung der ukrainischen Wirtschaft wurde abgelehnt. Die Erhöhung der Quoten wurde abgelehnt. Ein Überbrückungskredit wurde ebenfalls abgelehnt. Daher hat sich für uns die Frage gestellt, die Unterschrift zu verschieben, bis wir die eben benannten Probleme mit einem Kompromiss gelöst haben. Diesen Moment hat man zur Vorbereitung eines Staatsstreichs genutzt. Auf der diplomatischen Ebene hat Barroso (Präsident der Europäischen Kommission 2004–2014) sehr klar gesagt: «Wenn ihr das nicht unterschreibt, wird es ein anderer Präsident und ein anderer Ministerpräsident unterschreiben.» Ich glaube, dass diese Aussage sehr deutlich unterstreicht, welches Machtverhältnis zwischen der EU und der Ukraine damals existierte.»[18]

Die Ukraine hatte sehr gute und lang zurückreichende Beziehungen zu Russland, die vom Westen oft unterschätzt werden oder absichtlich außer Acht gelassen werden. Am 17. Dezember 2013 verabschiedeten Vladimir Putin und der ukrainische Präsident Janukowitsch ein Abkommen, welches der Ukraine 15 Milliarden Dollar seiner Schulden erlassen sollte.[19] Zudem bestand gleich-

zeitig das russische Angebot, Mitglied einer Zollunion mit Russland, Weißrussland und Kasachstan zu werden. Dieses Angebot wäre bei einer Unterzeichnung des Assoziierungsabkommens mit der EU in Gefahr gekommen.[20]
Es hätte bedeutet, dass zollfreie, in die Ukraine eingeführte Waren, zum Beispiel aus Frankreich, aufgrund der Zollunion auch zollfrei weiter nach Russland oder Kasachstan geliefert werden könnten. Zollfreier Handel mit Europa in einer gleichzeitigen Zollunion mit Russland konnte allerdings keine der beiden Seiten akzeptieren. Obwohl Präsident Putin offen für Gespräche mit der EU und der Ukraine war, um eine einvernehmliche Lösung zu finden, wurde dieses Angebot von der Europäischen Union kategorisch, ja fast empört abgelehnt.
Die Ukraine stand in der Mitte, und von beiden Seiten wurde an ihr gezogen. Gleichzeitig hatte das Land weder die wirtschaftliche noch die politische Macht, sich mit Forderungen oder Angeboten gegen einen oder beide möglichen Partner durchzusetzen bzw. selber zu vermitteln.
Das ukrainische Volk, welches von der Unterzeichnung und deren Folgen direkt betroffen gewesen wäre, wurde wie auch bei den meisten Entscheidungen in anderen westlichen Ländern nicht befragt.

Als die Proteste auf dem Maidan, dem großen Platz in der ukrainischen Hauptstadt Kiew, am 21. November 2013 begannen, waren sie zunächst gegen die Regierung gerichtet – für bessere Lebensbedingungen und gegen Korruption. Anfänglich war die Mehrzahl der protestierenden Studenten, und die Proteste sollten laut Absprache zwischen der Stadtverwaltung und dem Koordinationsausschuss der Studenten am 29. November um 24.00 Uhr beendet werden, da am darauffolgenden Tag die Stadt mit dem Aufbau des Weihnachtsmarktes beginnen wollte.[21]

Die Ukraine, die als Teil der Sowjetunion eine der wirtschaftlich stärksten Republiken gewesen war, lag seit Jahren weit unter dem europäischen Durchschnitt. Das BIP (Bruttoinlandsprodukt) pro Ukrainer lag in der Spitze bei knapp 4.000 USD pro Jahr, während Länder wie zum Beispiel die Slowakei ein BIP von rund 19.000 USD[22] aufweisen konnten. Das Wirtschaftswachstum in der Ukraine im Jahr 2013 und 2014 war nahe null und die Aussichten auf eine bessere Zukunft mit einer neuen Regierung in Kiew trieb die erste Protestwelle an. In ihrem Buch «Russland verstehen» verweist Gabriele Krone-Schmalz auf die Umfrage des unabhängigen ukrainischen Gorshenin-Instituts, die am 02. Dezember 2013 auf dem Maidan durchgeführt wurde. Demnach waren 55 Prozent der Anwesenden dort, weil sie den Sturz der Regierung wollten und nur 27 Prozent, weil sie das Assoziierungsabkommen mit der Europäischen Union anstrebten.[23] Die restlichen 18 Prozent der Befragten nannten in ihren Antworten nicht das Abkommen, sondern andere Gründe. In den westlichen Medien wird oft fälschlicherweise davon ausgegangen, dass die Mehrheit der Ukrainer das Abkommen mit der EU befürwortete. Das war allerdings nicht der Fall. Für die Bevölkerung ging es in erster Linie um bessere Lebensbedingungen.

In der Nacht vom 30. November auf den 01. Dezember 2013 ging die Kiewer Polizei gegen die teilweise gewalttätigen Demonstranten vor. Der frühere ukrainische Ministerpräsident beschreibt die Situation im Interview so:

«Ungefähr um halb 5 Uhr morgens kamen aus Richtung Hotel Ukraina rund 100 Leute zum Maidan hinunter – Vertreter des radikalen Rechten Sektors, bewaffnet mit Eisenstangen und Schlagstöcken. Und die haben angefangen, auf die wenigen Polizisten auf dem Platz einzuschlagen. Auf dem Platz lief ständig eine Kamera der Polizei, deshalb ist das aufgenommen worden. Ich habe diese Aufzeichnungen selbst gesehen. Die Kämpfer des rechten Sektors gingen mit glühenden Stöcken, die sie zuvor in den brennenden Mülltonnen angesengt hatten, auf die Polizisten los und versuchten, ihnen diese in die Gesichter zu stechen. Die Polizisten haben Verstärkung angefordert. Es ist ein Spezialkommando der Berkut gekommen. Und die haben angefangen, diese 100 Kämpfer auseinanderzutreiben. In dem Zusammenhang sind auch die vertrieben worden, die ursprünglich im Zeltlager waren. In diesem Moment haben alle ukrainischen und europäischen TV-Sender angefangen zu filmen und zeigten diese Sequenz dann alle halbe Stunde im Fernsehen.»[24]

Mehrere Medien, die infolge von Nikolai Asarow und der eigenen Rechenschaftsberichte größtenteils aus dem Westen bzw. den USA finanziert worden waren, riefen die Ukrainer dazu auf, auf den Maidan zu kommen und die Gebäude der Regierung zu besetzen. Die offiziellen Fernsehsender der Ukraine, die überwiegend im Besitz verschiedener Oligarchen sind, zeigten die Bilder von verletzten Studenten immer und immer wieder.

Es gab mehrere Verwundete, die im Krankenhaus behandelt werden mussten, und der Platz füllte sich nach und nach mit Tausenden von aufgebrachten Menschen. Auch politische Vertreter verschiedener Oppositionsparteien, darunter die rechtsradikale Partei Swoboda (Freiheit) von Oleg Tjahnybok und die paramilitärische Vereinigung «Rechter Sektor» schlossen sich den Protesten an. Mehrere Demonstranten hatten Molotowcocktails und Schusswaffen dabei. Die Stimmung auf dem Maidan wurde immer gewalttätiger. Im Laufe des Dezembers 2013 und des Januars 2014 wurden die Proteste größer und die Demonstranten besetzten und blockierten unter anderem mehrere Regierungsgebäude, nicht nur in Kiew, sondern auch in anderen Städten des Landes. Inzwischen hatten namhafte Vertreter aus Europa und den USA den Maidan besucht und den Demonstranten ihre Solidarität bekundet. Unter anderem der deutsche Außenminister Guido Westerwelle (04. Dezember), US-Senator John McCain (15. Dezember) und die Mitarbeiterin des State Department, Victoria Nuland (10. Dezember) hatten vor den Demonstranten gesprochen.[25]

Ministerpräsident Asarow weiter:
«*Vonseiten der westlichen Diplomaten gab es das permanente Mantra, unter keinen Umständen Gewalt gegen die Demonstranten anzuwenden. Ich weiß, dass Herr Biden* [US-Vize-Präsident] *offen Janukowitsch bedroht hat: Wenn er eine gewaltsame Auflösung der Demonstration durchführt,*

wird er eine persona non grata [unerwünschte Person] *in Europa und in der Welt. Und gegen ihn würden Sanktionen beschlossen. Das hat bei Janukowitsch zu einer Situation der Unentschlossenheit geführt. Und die Putschisten merkten, dass sie nicht bestraft wurden. (...) Es wäre überhaupt kein Problem gewesen, mit denen fertig zu werden, wenn Janukowitsch die Vollmachten genutzt hätte, die ihm als Präsidenten nach der Verfassung zustehen. Der Versuch der bewaffneten Machtübernahme ist ein Verbrechen. Die Tötung von Polizisten ist auch ein Verbrechen, das bewaffnete Besetzen von Gebäuden ist genauso ein Delikt. Da entsteht eine einfache Frage: Warum hat der gesamte Sicherheitsapparat des Landes drei Monate lang nicht auf diese Verbrechen reagiert?»*[26]

Präsident Viktor Janukowitsch, der die zunächst friedlichen Proteste der Bürger auf dem Maidan ignoriert hatte, zögerte, die Proteste mit Gewalt zu beenden und konnte sich nun kein Gehör mehr verschaffen.
Zur gleichen Zeit, wie auf dem Maidan, als die Proteste an Gewalt zunahmen, gab es auch eine Anti-Maidan-Bewegung in Kiew unweit des Marinski Parks. Hier versammelten sich Demonstranten aus den südlichen und östlichen Teilen der Ukraine. Sie forderten vom Präsidenten, die Ordnung im Staat wiederherzustellen. Diese Proteste wurden von ukrainischen und internationalen Medien fast nicht beachtet.

Am 01. Januar 2014 marschierten rund 15.000 Neonazis mit Fackeln durch die Kiewer Innenstadt und feierten den 105. Geburtstag von Stepan Bandera. Organisiert wurde der Umzug von der Partei Swoboda. Die Demonstranten skandierten Parolen wie: «Tod den Feinden» und «Ukraine über alles». Europäische Medien berichteten nicht über den Demonstrationszug. Die Bilder von nächtlichen Fackelzügen durch die Straßen von Kiew hätten sicher Assoziationen zu den Fackelzügen der Nazis im dritten Reich geweckt. Im Gegensatz dazu berichtete BBC News noch am selben Tag darüber.[27]

Am 28. Januar 2018 trat Nikolai Asarow zusammen mit seiner Regierung vom Amt des Ministerpräsidenten zurück.

Am 18. Februar 2014 gegen 13.30 Uhr eskalierte die Gewalt erneut. Fünf Berkut-Beamte wurden von Demonstranten erschossen und mehrere verletzt. Das Büro der «Partei der Regionen» in Kiew wurde von Nationalisten angezündet.[28] Ein Mann verbrannte im Gebäude. Andere Quellen sprechen von drei Toten. Die Gewalt ging vom Rechten Sektor aus, der schon am Tag zuvor von einem *«friedlichen Angriff»* gesprochen hatte.

Am 19. Februar 2014 eroberten die Demonstranten das Hauptpostamt und das Konservatorium. Das Gewerkschaftshaus wurde in Brand gesetzt. Auch in anderen westukrainischen Städten wurden staatliche Einrichtungen gewaltsam besetzt. Am Abend traf sich Janukowitsch mit den Oppositionsführern.

Am 20. Februar 2014 wurde ein Buskonvoi mit Anti-Maidan-Demonstranten der Krim auf dem

Rückweg aus Kiew angehalten. Die Menschen wurden zum Aussteigen gezwungen und misshandelt. Mindestens sechs Personen wurden erschossen und mehr als 20 Personen gelten nach wie vor als vermisst. Die Straftat ist noch immer nicht aufgeklärt.[29]
Am selben Tag eskalierte die Gewalt auf dem Maidan erneut. Scharfschützen erschossen mehr als 45 Menschen. Demonstranten sowie auch Bedienstete der Berkut-Einheiten waren unter den Opfern. Die meisten europäischen Medien schoben die Tat den von der Regierung befehligten Berkut-Einheiten in die Schuhe. Auch diese Tat ist fünf Jahre später noch immer nicht vollständig aufgeklärt, obwohl die Putschisten alle dazu notwendige Macht gehabt hätten. Die Aufklärung der Ereignisse wurde seit April 2014 von einer Gruppe des Europäischen Gerichtshofes für Menschenrechte begleitet, welche bereits im September 2014 von Behinderungen ihrer Arbeit durch ukrainische Behörden – Regierung unter Petro Poroschenko – berichtete.

Ebenfalls am 20. Februar 2014 reisten die Außenminister von Deutschland, Polen und Frankreich nach Kiew und verhandelten ein Abkommen zwischen den Oppositionsparteien und Präsident Janukowitsch. Die rechtsradikale Partei Swoboda und deren Vorsitzender Oleg Tjahnybok waren ebenfalls bei den Verhandlungen dabei.
In dem Abkommen, welches einen Tag später, am 21. Februar, unterschrieben wurde, wurden folgende Punkte festgelegt:

1. die Wiedereinführung der Verfassung von 2004, die dem Präsidenten weniger Rechte einräumt,

2. der sofortige Beginn der Arbeiten an einer Verfassungsreform,
3. vorgezogene Präsidentschaftswahlen bis spätestens Dezember 2014,
4. die gemeinsame Untersuchung der jüngsten Gewalttaten auf dem Maidan,
5. die Polizei und die Demonstranten ziehen sich vom Maidan zurück,
6. die Außenminister von Deutschland, Polen und die Vertreter Frankreichs und des russischen Präsidenten rufen dazu auf, die Gewalt sofort zu beenden.[30]

Noch am gleichen Tag lehnten führende Vertreter der Maidan-Proteste das Dokument ab und bezeichneten das Abkommen als «*Betrug*».[31/32]
Dimitri Jarosch, der Chef des Rechten Sektors, verkündete auf dem Maidan, dass der Rechte Sektor die Waffen nicht niederlegen werde und die besetzten Gebäude nicht eher räumen werde, bis der Präsident zurückgetreten sei.
Die Menge forderte nach wie vor die sofortige Absetzung des Präsidenten. Die EU, die durch die Unterschriften der Außenminister von Deutschland, Polen und Frankreich für das geschlossene Abkommen garantierte, ließ den bevorstehenden Putsch einfach geschehen und erkannte sogar wenig später die neuen Machthaber als rechtmäßige Übergangsregierung an.

Am 22. Februar 2014 übernahm die Opposition die Macht in Kiew und das Parlament setzte Präsident Janukowitsch mit sofortiger Wirkung ab. 72,89 Prozent der Abgeordneten stimmten für eine Absetzung. Nötig gewesen wären 75 Prozent.[33/34]

Die Polizei und das Innenministerium der Ukraine stellten sich kurz darauf offiziell auf die Seite der Demonstranten. Alexander Turtschinow von der Partei «Vaterland», ein enger Weggefährte der ukrainischen Oligarchin Julija Timoschenko, wurde zum Parlamentspräsidenten gewählt und sollte die Übergangsregierung bis zu den Präsidentschaftswahlen am 25. Mai 2014 leiten. Dies wurde in der Rada-Resolution Nummer 764-VII vom 23. Februar festgelegt. Turtschinow in seiner Position als Parlamentsvorsitzender hatte diese gleich selbst unterzeichnet.

In den meisten europäischen Medien wird nur sehr am Rande berichtet, dass sich im Parlament und im Sitzungssaal während der Abstimmung bewaffnete und maskierte Männer aufgehalten haben.
Mehrere Abgeordnete wurden noch vor dem Parlamentsgebäude zusammengeschlagen oder mit Gewalt an der Teilnahme gehindert. Janukowitsch protestierte gegen seine rechtswidrige Absetzung und reiste in die Ostukraine nach Charkow, wo er am 22. Februar an einer geplanten Konferenz von Gouverneuren des Südostens der Ukraine und der Krim teilnehmen wollte. Später am gleichen Tag floh er nach Donezk, von wo er später in Richtung Krim aufbrach. Von dort wurde er von russischen Spezialeinheiten evakuiert und nach Russland gebracht.[35]

Die ukrainische Verfassung sieht infolge des Artikels 108 vor: *«(...) Die Befugnisse des Präsidenten der Ukraine enden vorzeitig in folgenden Fällen. 1. Rücktritt, 2. Verhinderung der Amtsausübung aus gesundheitlichen Gründen, 3. Amtsenthebung in einem Amtsenthebungsverfahren, 4. Tod des Präsidenten.»*[36] Bei einem Verfahren wegen Amtsenthebung gelten nach Artikel 111 spezielle Regeln, wie zum Beispiel die Bildung einer Untersuchungskommission. Keiner der Punkte der ukrainischen Verfassung war zutreffend, und die notwendige Dreiviertelmehrheit der Abgeordneten wurde bei der Abstimmung ebenfalls nicht erreicht. Präsident Viktor Janukowitsch war demnach rein juristisch auch nach dem 22. Februar 2014 weiterhin im Amt des Präsidenten. Man muss daher von einem Staatsstreich sprechen, der eindeutig gegen die ukrainische Verfassung verstoßen hat. Der Krieg in der Ostukraine folgte als eine direkte Konsequenz daraus.

Im erwähnten Interview sagte der ehemalige Ministerpräsident Asarow dazu:
«Es ist völlig offensichtlich, dass es ein Staatsstreich gewesen ist. Es ist aber auch augenscheinlich, dass man einem Staatsstreich einen gewissen demokratischen Anschein geben muss. Und genau deshalb hat man den Maidan als Revolution dargestellt.»[37]

Gouverneure und Abgeordnete des russischsprachigen Südostens der Ukraine stellten die Autorität des Parlaments in Kiew infrage. Einige beschuldigen auch die Europäische Union und die USA, direkt in den Staatsstreich verwickelt zu sein. Abwegig ist das durchaus nicht, denn es gibt zahlreiche Quellen, die davon sprechen, dass Demonstranten Geld und den notwendigen Transport zum Maidan bekommen haben.

US-Präsident Barack Obama selbst, hatte in einem Interview mit CNN am 01.02.2015 zugegeben, den Staatsstreich initiiert zu haben:
«Putin traf die Entscheidung in Bezug auf die Krim nicht etwa aus einer großen Strategie heraus, sondern einfach, weil er von den Protesten des Maidan und der Flucht von Janukowitsch überrascht wurde, nachdem wir einen Deal zur Machtübergabe ausgehandelt hatten.»

Am 24. Februar 2014 erkannte die Europäische Kommission die Amtsenthebung von Viktor Janukowitsch an und signalisierte die Bereitschaft, das Assoziierungsabkommen mit der neuen Regierung zu unterzeichnen. Am 21. März wurde der politische Teil des Vertrages von Arsenij Jazenjuk – als Vertreter der Übergangsregierung – unterzeichnet, woraufhin die Ukraine Finanzhilfen und Kreditzusagen der EU, der USA, des IWF und der Weltbank in Höhe von 30 Milliarden Dollar erhielt, die aber bei weitem nicht ausreichend waren.[38]

Am 27. Juni wurde der wirtschaftliche Teil vom neugewählten Präsidenten Petro Poroschenko unterzeichnet.[39/40]
Einer der ersten Beschlüsse, die das neue Parlament am 23. Februar traf und verabschiedete, war das Verbot der russischen Sprache als Amtssprache. Der Gesetzentwurf wurde von der rechtspopulistischen Partei Swoboda (Freiheit) eingebracht und trat nur nicht in Kraft, weil Alexander Turtschinow als Parlamentspräsident seine Unterschrift verweigerte.

Am 25. Februar 2014 wurde das Datum der vorgezogenen Präsidentschaftswahlen bekanntgegeben. Man einigte sich auf den 25. Mai desselben Jahres.

Am 26. Februar 2014 einigten sich die verschiedenen Vertreter auf dem Maidan auf Arsen Jazenjuk als Kandidaten für den Posten des Ministerpräsidenten der Übergangsregierung. Kiew beantragte einen internationalen Haftbefehl gegen Viktor Janukowitsch.[41]

Am 27. Februar 2014 wird die neue Übergangsregierung vom ukrainischen Parlament bestätigt.
Am 25. Mai 2014 wurde Petro Poroschenko mit 58,70 Prozent der Stimmen zum Präsidenten der Ukraine gewählt. Julija Timoschenko erhielt 12,82 Prozent. Bei seiner Amtseinführung am 07. Juni 2014 war auch der deutsche Bundespräsident Joachim Gauck anwesend, der somit wieder einmal sein mangelndes Fingerspitzengefühl unter Beweis stellte.

Am 05. Januar 2019 splittete die Ukraine die orthodoxe Kirche von der russischen Kirche ab. Die Kirchen waren seit dem Jahr 1686 vereint.[42]

Am 26. Februar 2019 wurde die Teilnahme der Ukraine am Eurovision Song Contest abgesagt. Die erstplatzierte Kandidatin der Ukraine, Anna Korsen, wollte den Vertrag mit dem staatlichen Fernsehsender nicht unterschreiben, weil er mehrere politische Klauseln und Einschränkungen enthielt.

Am 25. April 2019 verabschiedete das ukrainische Parlament ein Gesetz, nach dem die ukrainische

Sprache der russischen vorgezogen werden sollte. Verschiedene Berufsgruppen riskierten Strafzahlungen von rund 220 Euro, sollte ein Verstoß nachgewiesen werden. Auf die öffentliche Beleidigung der ukrainischen Sprache stehen bis zu drei Jahre Gefängnis und Versuche, in der Ukraine eine offizielle Mehrsprachigkeit einzuführen, werden demnach mit bis zu zehn Jahre Haft bestraft.[43]
Die US-Staatssekretärin Victoria Nuland sagte während der Maidan-Proteste in einer Rede:
«*Wir stehen mit den Menschen in der Ukraine ein für Gerechtigkeit, Menschenwürde und Sicherheit. Für ein Erstarken der Wirtschaft und für eine europäische Zukunft, die sie sich ersehnen und verdienen. Wir wurden Zeugen der enormen Gewalt, die von den Regierungstruppen angewendet wurde. Spezialkräfte setzten Bulldozer und Tränengas gegen die Maidandemonstranten ein, während diese Hymnen sangen und für Frieden beteten. Man muss auf dem Maidan gewesen sein, um die Energie zu spüren, die Hoffnung der Ukrainer, welche sich von Kiew durch das ganze Land zieht. Menschen aller Altersgruppen, Gesellschaftsschichten und aller Lebensbereiche nehmen ihre Zukunft in die Hand und fordern auf der Straße eine Annäherung an die EU. Sie tun das sehr friedlich und mit viel Mut und großem persönlichen Einsatz.*»[44]

Diese Sätze waren eine offensichtliche Lüge, denn Bilder und Videomaterial vom Maidan beweisen das genaue Gegenteil. Die Berkut-Einheiten haben sich zunächst sehr ruhig verhalten und hatten sogar die Anweisung, auf die gewaltsamen Provoka-

tionen der Demonstranten nicht zu reagieren. Die Regierung von Viktor Janukowitsch zog die Berkut-Einheiten und die Polizei, wie mit den europäischen Außenministern vereinbart, vom Maidan zurück, was den Weg für die Extremisten freimachte, das Regierungsviertel zu stürmen.
Die Hintergründe der Scharfschützen, die auf Demonstranten und Bedienstete der Berkut-Einheiten gleichermaßen geschossen hatten und die Tatsachen, die zu den vielen Toten im Gewerkschaftshaus in Odessa (02. Mai 2014), werden in unserer Presse oft verdreht dargestellt. Ermittlungen haben ergeben, dass die Schüsse von den oberen Etagen des Hotels Ukraine abgegeben wurden. Zur Zeit der Aufstände auf dem Maidan war das Hotel allerdings unter Kontrolle der Maidan-Demonstranten.[45]

Auch fünf Jahre danach sind die Details und die wirklichen Täter nicht identifiziert, und die Ermittlungen scheinen derweilen im Sand zu verlaufen.
Der ehemalige ukrainische Ministerpräsident Asarow sagte dazu 2016:
«Die Vertreter von Staatsanwaltschaft und Polizei haben es innerhalb von drei Jahren nicht geschafft, nur einen einzigen Zeugen zu finden oder sonst irgendwie zu beweisen, dass die Scharfschützen aus den Strukturen Janukowitschs oder Berkuts gewesen wären. Oder in irgendeiner Weise zu belegen, dass der damalige Innenminister Sachartschenko oder Janukowitsch den Auftrag für die Sniper gegeben hätten. Ich unterstreiche: innerhalb von drei Jahren keinerlei Beweise.
Dafür gibt es bei uns eine große Anzahl von Beweisen, dass insbesondere Jazenjuk, Poro-

schenko, Pashinsky und Turtschinow in der Organisation dieser bewaffneten Auseinandersetzungen involviert gewesen sind.»[46]

Das Messen mit zweierlei Maß kommt auch sehr deutlich bei den Berichterstattungen über die tragischen Ereignisse in Odessa am 02. Mai 2014 zum Tragen. Im dortigen Gewerkschaftshaus hatten sich Gegner der neuen Regierung verschanzt. Das Gebäude wurde daraufhin von Nationalisten und gewalttätigen Maidan-Demonstranten absichtlich in Brand gesetzt und die sich aus den Fenstern flüchtenden Menschen auf dem Bürgersteig teilweise totgeprügelt. Während westliche Medien im Zusammenhang mit den Brandstiftern, von «Demonstranten» sprechen und davon, dass
«(…) während der Zusammenstöße von Odessa ein prorussisches Zeltlager und dann das angrenzende Gewerkschaftsgebäude in Brand gerieten und Dutzende Menschen starben (…)»[47], spricht man in den Gebieten der Ostukraine von *«prorussischen Gewalttätigen»* oder sogar von einem *«prorussischem Mob»*, wie in der Tagesschau am 12.04.2014 geschehen.[48]

Wie immer bestätigen einige Ausnahmen die Regel, wie zum Beispiel Spiegel Online auf seiner Internetseite am 03. Mai 2014:
«(…) Die Polizei sah tatenlos zu, als im südukrainischen Odessa ein Gewerkschaftshaus in Brand gesetzt wurde. Dutzende pro-russische Aktivisten kamen ums Leben. Der Gouverneur lobt die Brandstifter: Sie haben Terroristen neutralisiert (…).»[49]

Auch die Hintergründe zu dem 2.137 Seiten starken Assoziierungsabkommen werden nur selten beleuchtet. Die meisten Zeitungsartikel feiern den Beitritt eines neuen Partners, welcher endlich bald auch unsere westliche Demokratie «genießen» darf.

Übersehen wurde absichtlich oder versehentlich, dass die Ukraine seit fast ewigen Zeiten feste Beziehungen zu Russland unterhält. Die Wurzeln dafür sind nicht alleine wirtschaftlicher Art, sondern auch geschichtlich, familiär, religiös und kulturell gefestigt. Diese engen Verbindungen sind auch nach der Auflösung der Sowjetunion und der Selbstständigkeit der Ukraine im Jahr 1991 nicht abgerissen. Zwischen Russland, Weißrussland, Kasachstan und der Ukraine bestehen bilaterale Freihandelsabkommen, welche den Handel der Ukraine mit diesen Ländern erheblich vereinfacht haben.

Russland hat der Ukraine eine Mitgliedschaft in einer Zollunion in Aussicht gestellt, die EU das Assoziierungsabkommen. Bestandteile des Abkommens mit der EU sind dabei nicht nur die vermeintlichen Vorteile des zollfreien Handels - obwohl Quoten für mehrere Produkte galten -, im Gegenzug wird eine Konvergenz von Gesetzen und Vorschriften und harte Reformen von der EU gefordert. Die Kosten für die Angleichungsmaßnahmen haben aller Voraussicht nach die Bürgerinnen und Bürger der Ukraine zu tragen. Eine Zollunion mit Russland, Weißrussland und Kasachstan und gleichzeitig ein Zollabkommen mit der EU durch das Assoziierungsabkommen sind kaum miteinander vereinbar.

Vor allem der industriell geprägte Südosten der Ukraine war stärker an einer Zollunion mit Teilen der GUS-Staaten interessiert, gehen doch die meisten dort produzierten Produkte ohnehin nach Russland. Der Handel mit Russland im Bereich Maschinenbau, Kohle- und Stahlerzeugnisse machte einen großen Teil des ukrainischen Außenhandels aus.
Noch 2011 war Russland der größte Kunde der Ukraine mit fast 36 Prozent.[50] Mittlerweile sind durch den Krieg im Osten des Landes die Wirtschaftszahlen der Ukraine auf Talfahrt.

Mehrere europäische Politiker und Analysten warnten bereits früh davor, die Ukraine vor eine, ihrer Meinung nach, „Entweder-oder-Entscheidung" zu stellen.
«Die Assoziierung war als Alternative zur Mitgliedschaft gedacht. Das, was die EU-Kommission in den letzten Jahren daraus gemacht hat, war de facto eine Beitrittsverhandlung. Dass das auf Dauer nicht gut gehen konnte, wenn man die Ukraine vor eine unmögliche Wahl zwischen Ja zu Europa und Nein zu Russland stellt, das ist, glaube ich, in den Debatten der letzten Tage hinreichend deutlich geworden»[51], sagte SPD-Politiker Nils Annen im Interview mit dem Sender Deutschlandfunk im Mai 2014.
Allerdings versucht auch Annen in anderen Interviews, die Schuld für die Eskalation im Osten der Ukraine, Russland in die Schuhe zu schieben.
Chefredakteur Theo Sommer schreibt in seiner Kolumne in der Zeitung – Zeit:

«Die Ukraine ist noch lange nicht in einem inneren Zustand, der es erlaubte, sie in die westliche Familie aufzunehmen. Bei Lichte betrachtet ist sie ein failing state oder gar schon ein failed state – ein marodes, kleptokratisches, von bestechlichen Bürokraten und milliardenschweren Oligarchen (...). Der Rechtsstaat funktioniert nicht. Die Wirtschaft befindet sich im freien Fall. Präsident Poroschenko und Ministerpräsident Jazenjuk sind einander spinnefeind. Aufrechte, aufräumungswillige Minister treten zurück. Reformen kommen nicht vom Fleck. Die Bereitschaft, das Minsker Abkommen buchstabengetreu zu erfüllen, ist minimal. Weder ist ein Wahlgesetz verabschiedet noch dem Donbass per Verfassungsänderung mehr Autonomie eingeräumt worden. (...) der Ukraine nicht nur zu erlauben, bei der Brüsseler Gemeinschaft anzudocken, sondern sie auch wieder in das geschichtlich gewachsene Beziehungsgeflecht mit Russland einzuweben. Dies wäre nicht Appeasement, Unterwerfung unter russische Ambitionen, sondern ein realpolitischer Ansatz zum Interessenausgleich mit Moskau. (...) Trotzdem wurde es von Brüssel anders gemacht und die Ukraine wurde zu einer Entscheidung gezwungen».[52]

Der ehemalige deutsche Bundeskanzler Gerhard Schröder sagte in einem Interview: *«Die EU hätte beim Assoziierungsabkommen angesichts der kulturellen Teilung der Ukraine kein Entweder-oder formulieren dürfen. Ein Sowohl-als-auch wäre vernünftiger gewesen.»*[53]

Die offensichtlichen Nachteile des Abkommens für die Ukraine und die damit verbundene Gefahr für die ukrainische Wirtschaft hatten Präsident Janukowitsch und Ministerpräsident Asarow schon bei den Verhandlungen gestört.

Das Assoziierungsabkommen enthält außerdem in Artikel 10 folgenden Text:
Konfliktprävention, Krisenmanagement und militärisch-technologische Zusammenarbeit
1. Die Parteien fordern die praktische Zusammenarbeit bei der Konfliktprävention und Krisenbewältigung, insbesondere mit dem Ziel, die Beteiligung der Ukraine an zivilen und militärischen Krisenbewältigungs-operationen unter EU-Führung sowie an einschlägigen Übungen und Ausbildungsmaßnahmen, einschließlich derjenigen im Rahmen der Gemeinsamen Sicherheits- und Verteidigungspolitik (GSVP), zu erhöhen.
2. Die Zusammenarbeit in diesem Bereich stützt sich auf Modalitäten und Vereinbarungen zwischen der EU und der Ukraine über die Konsultation und die Zusammenarbeit bei der Krisenbewältigung.
3. Die Vertragsparteien untersuchen das Potenzial der militärisch-technologischen Zusammenarbeit. Die Ukraine und die Europäische Verteidigungsagentur (EDA) knüpfen enge Kontakte, um die Verbesserung der militärischen Fähigkeiten, einschließlich technologischer Fragen, zu erörtern.[54]

Diese verklausulierten Sätze sind schwer zu verstehen, hören sich aber doch in jedem Fall nach Krisenmanagement und Friedenssicherung an. Was kann Russland schon dagegen haben?

Wenn man nachforscht, was mit dem Begriff «Gemeinsame Sicherheits- und Verteidigungspolitik (GSVP)» gemeint ist, findet man schnell heraus, dass es sich um ein Abkommen zur Kriegsführung handelt, in dem klare Ziele für die angestrebten militärischen Fähigkeiten der GSVP festgelegt sind. Die GSVP war bereits in mehrere und ist auch aktuell in militärische Konflikte verwickelt – Beispiele sind Mali und Somalia.

Der offiziellen Internetseite der NATO zufolge hat die GSVP eine Zusammenarbeit oder zumindest eine Kooperation mit ihr abgeschlossen. Diese wurde im Juli 2018 unterzeichnet und beinhaltet unter anderem:
«(...) Rasche Fortschritte in den Bereichen militärische Mobilität, Terrorismusbekämpfung und Stärkung der Resilienz [psychische Widerstandsfähigkeit] *gegenüber chemischen, biologischen, radiologischen und nuklearen Risiken sowie Konzentration auf die Förderung der Frauen-, Friedens- und Sicherheitsagenda.»*[55]

Die Befürchtungen Russlands, dass nach einer eventuellen Mitgliedschaft der Ukraine in der Europäischen Union mehr oder weniger «automatisch» die Mitgliedschaft in der NATO folgt, sind angesichts dieser Abkommen nachvollziehbar.
Artikel 10 wurde von europäischen Medien im Zusammenhang mit dem Assoziierungsabkommen kaum erwähnt, klingt es doch nach einer baldigen NATO-Mitgliedschaft der Ukraine.

Um die Zusammenhänge auf dem Maidan richtig einschätzen zu können, wäre es wichtig gewesen, dass unsere westlichen Medien uns umfassend informieren. Die Zuschauer und Leser hätten über die Fakten der illegalen Absetzung des Präsidenten ohne die notwendige parlamentarische Mehrheit unterrichtet werden können und müssen. Das Gleiche gilt für die gewaltsamen Proteste auf dem Maidan, die Opfer der Scharfschützen, den Brand im Gewerkschaftshaus in Odessa und natürlich den gesamten Inhalt des Assoziierungsabkommens. Wenn wir uns ein umfassendes Bild machen wollen, ist es wichtig, vollständige Informationen zu haben.

Der Verdacht liegt nahe, dass teilweise gar kein Interesse daran bestanden hat, uns Bürger umfassend zu informieren. Wenn jemand 5 Milliarden Dollar in einen Regime Change (Machtwechsel) in der Ukraine «investiert», wie US-Staatssekretärin Viktoria Nuland[56] selber schilderte, ist man sehr wahrscheinlich gar nicht daran interessiert, mit aufgeklärten und informierten europäischen Bürgern zu diskutieren.

VLADIMIR KONSTANTINOV

Die Entwicklungen in Kiew Ende 2013, welche mit gewalttätigen Protesten und dem illegalen Sturz der Regierung einhergingen, beunruhigte die Bewohner der Krim und des russischsprachigen Donbass sehr.
Die Chronologie der Ereignisse auf der Krim möchte ich anhand des Buches «To go one's own way»[57] von Vladimir Konstantinov (erschienen 2017) erklären.

Vladimir Konstantinov (Foto: Crimea-gov)

Es gibt nicht viele Berichte von Zeit- und Augenzeugen, welche die Sicht auf die Geschehnisse auf der Krim lenken. Das macht das Buch von Konstantinov zu einem historisch einzigartigen Dokument.

Zu dieser Zeit war Vladimir Konstantinov stellvertretender Vorsitzender der «Partei der Regionen» und Parlamentspräsident der Krim. Sein Buch überreichte er mir anlässlich des Besuchs unserer ersten norwegischen Delegation im Oktober 2017 auf der Krim.
Ich habe Vladimir Konstantinov seit 2016 mehrmals in Simferopol, in Yalta und in Donezk getroffen. Diese Gelegenheiten nutzte er oft, um von seinen persönlichen Erlebnissen im Frühjahr 2014 und von der Zukunft der Krim zu sprechen.
Das Prinzip der «Volksdiplomatie» steht für Vladimir Konstantinov weit oben auf der Prioritätenliste: *«Kommt, seht selbst und macht euch euer eigenes Bild von der Situation auf der Krim.»* Er schreibt, dass die Idee einer Wiedervereinigung mit Russland schon seit den ersten Jahren der ukrainischen Unabhängigkeit existierte. Die überwiegende Mehrzahl der Bewohner unterstützte diese Idee. Allerdings konnte niemand glauben, dass eine Wiedervereinigung noch zu ihren Lebzeiten stattfinden würde.
Bereits seit 1991 kämpfte die Bevölkerung der Krim darum, die russische Sprache und Kultur zu bewahren. Trotz des seit 1992 bestehenden unabhängigen Status als Autonome Republik wurde in Kiew jede Initiative der Krim unterbunden. Das politische Moskau hatte kein Interesse daran, helfend einzugreifen.

Konstantinov beschreibt, wie er und viele andere schockiert waren, als ukrainische Neonazis am 01. Januar 2014 mit einem Fackelzug durch Kiew marschierten. Dort ahnte er zum ersten Mal, dass es vielleicht doch die Aufgabe seiner Generation war, die Krim zurück nach Russland zu bringen.

Im Dezember 2013 war er das letzte Mal in Kiew bei einer Sitzung des Rates der Regionen. Die Abgeordneten wurden schwer bewacht und das Stadtzentrum rund um den Maidan war abgesperrt. Damals begannen die gewaltsamen Auseinandersetzungen zwischen der Polizei und den Demonstranten. Konstantinov konnte es nicht fassen, dass der Präsident, Viktor Janukowitsch, von den geplanten Olympischen Winterspielen in der Stadt Lviv (Lemberg) sprach, anstatt die aktuelle Situation zu analysieren. Die anderen Abgeordneten aus Kiew schienen ebenfalls blind für die kommende Katastrophe zu sein.
Am 17. Dezember 2013 kamen Tausende von Bewohnern in Simferopol, der Hauptstadt der Krim, zusammen, um für eine gute Partnerschaft mit Russland zu demonstrieren und Präsident Janukowitsch dazu aufzufordern, die Ordnung im Land wiederherzustellen. Aufgrund der Ereignisse in Kiew sahen die Abgeordneten der Krim das baldige Machtende von Viktor Janukowitsch kommen und suchten nach legalen Möglichkeiten einer Rückführung der Krim zu Russland. Die beauftragten Anwälte meinten, dass solche Formulierungen in der Verfassung eventuell gefunden werden könnten, was Konstantinov ermutigte.
Bei einem informellen Treffen in seinem Büro nahmen auch Personen teil, welche die Verfassung der Krim mitgeschrieben hatten. Dabei wurden folgende Punkte diskutiert:

1. Die Ukraine ist ohne die Krim in die UN eingetreten und registriert worden.
2. Mit der Überführung der Krim in die Ukraine im Jahr 1954 ist gegen geltendes Recht verstoßen worden.

3. Die speziellen Rechte, die der Krim eingeräumt worden sind – dem Status als Autonome Republik – sind von der Regierung in Kiew konsequent verletzt worden. Im Frühjahr 1995 führte diese einen Staatsstreich gegen die Staatlichkeit der Krim durch. Hätte die OSCE nicht als Garant für die Autonomie der Krim gestanden, hätte die Krim ihren autonomen Status verloren.

Die Verfassung der Krim von 1998, die auch beim Referendum im März 2014 gültig war, sieht eine obligatorische Teilnahme der Krim bei außenpolitischen Entscheidungen vor. Dieses Recht ist bereits viele Male gebrochen worden, weil die Krim nie zu den Fragen der Europäischen Union oder der NATO konsultiert worden war.

Am 04. Februar 2014 wurde eine Konferenz vom Präsidium des Parlaments einberufen, um den Status der Halbinsel zu besprechen.
Inzwischen hatte der SBU (Geheimer Sicherheitsdienst der Ukraine) ein Verfahren gegen Konstantinov eingeleitet – wegen Vorbereitung zur Verletzung der territorialen Integrität der Ukraine.
Am 18. Februar, als die Straßenschlachten in Kiew einen weiteren Höhepunkt erreicht hatten, forderte der Oberste Rat der Krim den Präsidenten Janukowitsch zum letzten Mal auf, den Notstand auszurufen. Konstantinov sagte dazu: *«Ich verstand, dass aus dem heutigen Sichtwinkel unsere Tätigkeiten naiv gewirkt haben. Wir haben versucht, uns an Gesetze zu halten, aber diese Gesetze haben nicht mehr funktioniert. Anstelle dessen wurde ein Staatsstreich durchgeführt. Aber wir wollten nicht*

wie die Aufständischen werden und haben unsere Pflicht für die Bewohner der Krim weiterhin wahrgenommen.»

Im historischen Zusammenhang verhielt sich die Regierung der Krim laut Konstantinov absolut richtig. Er wusste, dass das Studium des Referendums und von allen zugehörigen Dokumenten dazu beitragen würde, dass die internationale Gemeinschaft die Wiedervereinigung der Krim mit Russland anerkennen werde.

Am 20. Februar 2014 griffen bewaffnete Aufständische eine Kolonne von Bussen an, in denen Bewohner der Krim saßen, die von Kiew zurück zur Krim fahren wollten. Sie hatten in Kiew für den Erhalt der Verfassung demonstriert. Im Distrikt Korsun-Shevchenkovsky wurden die Busse angehalten. Die Menschen mussten aussteigen, sich auf den Boden legen und wurden verprügelt. Laut Augenzeugen wurden sie dazu gezwungen, die Scherben der zerbrochenen Autobusscheiben zu essen. Sechs Personen wurden erschossen. Noch heute gelten über 20 Personen als vermisst. Niemand wurde jemals für das Verbrechen verantwortlich gemacht.
Konstantinov bestürzte dieser Vorfall. Er versuchte, an Informationen heranzukommen und forderte die Regierung in Kiew dazu auf, den Fall zu untersuchen. Scheinbar war niemand an der Aufklärung interessiert.

Am selben Tag, dem 20. Februar, gab er der Nachrichtenagentur «Interfax» ein Interview. Zu diesem Zeitpunkt hatte er noch nichts von dem Überfall in

der Region Cherkassk gehört. Die Frage des Reporters, ob er ein Referendum für die Sezession der Krim anstrebe, beantwortete er folgendermaßen: «*Ich bevorzuge zum jetzigen Zeitpunkt, nicht die Frage nach einem Referendum aufzuwerfen. Die Krim unterstützt die zentrale Regierung und wir wollen dem keinen Schaden zufügen. Aber wenn das Land kollabiert, werden wir keine andere Möglichkeit haben – die Rückabwicklung des Vertrages von 1954 über den Transfer der Krim an die Ukraine.*»
Konstantinov schreibt weiter, dass das Recht auf Selbstbestimmung ein fundamentales Prinzip des Völkerrechtes und im Vertrag der UN verankert sei, ebenso wie das Recht eines Staates auf territoriale Unversehrtheit. Komme es aber in Kiew zu einem Staatsstreich, bei dem der gewählte Präsident widerrechtlich abgesetzt werde, werde dieses Recht verletzt.

Ihr Prinzip sei von erster Stunde an gewesen, nur rechtliche Methoden zu untersuchen und einzusetzen. «*Die Verfassung der Krim gibt das Recht auf ein Referendum, aber in der Praxis das Recht auf eine Separation von der Ukraine und eine Rückführung zu Russland durchzuführen, geht nur unter einer Möglichkeit: Wenn der ukrainische Staat aufhört zu existieren.*»

Im Januar 2014 war Konstantinov in Moskau, um mit verschiedenen politischen Gruppen und öffentlichen Organisationen über die Situation auf der Krim zu diskutieren, weil ihn die folgende Frage interessierte: «*Aus der Sicht Moskaus: Was kann die Bevölkerung der Krim unternehmen, wenn die Aufständischen die legitime Regierung stürzen?»* Darauf erhielt er keine Antwort und man gab ihm zu verstehen, dass Präsident Janukowitsch sich im Amt halten werde. Er erwiderte, dass die Regierung der Krim selbstverständlich die zentrale Regierung in Kiew anerkennt und unterstützen werde. Er meinte aber, es wäre wichtig, keine Zeit zu verlieren, falls Janukowitsch abgesetzt werden sollte, um nicht nur die moralische, sondern auch die rechtliche Gelegenheit zu nutzen, um zu Russland zurückzukehren.

Für die Regierung der Krim kam das überraschend und stellte eine einmalige Situation dar, die ihnen von den Aufständischen selbst geliefert wurde. Durch den Staatsstreich und die Flucht des gewählten Präsidenten Viktor Janukowitsch hatte die Ukraine von 1991 aufgehört zu existieren. Es gab keinen Präsidenten, keine Regierung und die Macht in Kiew oblag einem illegalen Team. *«Sie versteckten nicht ihre Absichten, die russischen Anhänger zu hängen und die Republik aufzulösen. Alles das wurde öffentlich kundgegeben. Sie wollten uns zerstören.»*, schreibt Konstantinov.
Diese neue Situation verschaffte der Krim tatsächlich die Möglichkeit, sich von der Ukraine loszusagen und den Anschluss an Russland zu suchen. Allerdings wollte Konstantinov dies nur mit gewissen Zusicherungen von der russischen Regierung in Moskau angehen. Da diese Garantien jedoch ausblieben, begann für die Bewohner der Krim ein Kampf mit ungewissem Ausgang.

Am 21. Februar 2014 erreichte Konstantinov die Nachricht vom Tod seines Schwiegervaters. Der Tod eines nahen Verwandten befreite ihn davon, am Kongress der Gouverneure der Regionen in Charkow teilzunehmen, der am nächsten Tag stattfinden sollte. Mehrere seiner Kollegen reisten zu diesem Kongress.

Die Aufständischen des Maidan blockierten die Busse und die Türen zum Kongressgebäude und skandierten, nicht mit den Separatisten zu verhandeln. Die Delegation der Krim wurde anschließend auf Geheimwegen zurück zum Bahnhof gebracht. Konstantinov, der sich selbst ironisch als «Haupt-Separatist der Krim» bezeichnete, ging davon aus, dass die Aufständischen alles unternommen hätten, die Delegation der Krim an ihrer Rückkehr zu hindern, wenn er bei diesem Kongress dabei gewesen wäre. Der Tod seines Schwiegervaters hatte ihn und seine Kollegen sozusagen vor großem Unheil bewahrt.
An diesem Tag erhielt er außerdem einen Anruf mit dem Ratschlag, er solle die Krim umgehend verlassen. Was er bereits öffentlich gesagt habe, würde ausreichen, ihn zu mindestens 15 Jahren Haft zu verurteilen. Er blieb jedoch.

Seiner Meinung nach hatten er und seine Mitstreiter nur eine einzige Möglichkeit: Sie mussten einen Termin mit Präsident Putin in Moskau vereinbaren und die Frage erörtern, was zu tun sei, wenn die Regierung in Kiew kollabieren würde. Sie brauchten internationale Zusicherungen für ihre weiteren Handlungen.
Noch am gleichen Tag erhielt Konstantinov eine Nachricht, dass sich vor dem Parlamentsgebäude

in Simferopol eine Gruppe von 300 Menschen versammelt hatte, die auf ein Gespräch mit ihm warteten. Die Gruppe war prorussisch eingestellt und erwartete eine Aussage, wie die Regierung ähnliche Szenen wie in Kiew auf der Krim verhindern wolle.
«Wir hatten keine definitive Antwort auf diese Frage. Ich war berührt von der Haltung der Menschen. Sie sagten, dass sie bereit seien, die Krim zu verteidigen und sie uns nicht verraten würden. Wir könnten auf sie zählen», so Konstantinov.

Die Anhänger der Aufständischen auf der Krim wussten, dass sie die lokalen Abgeordneten unter Druck setzen mussten, um ihre Ziele zu erreichen. Das hatten sie bereits bei früheren Gelegenheiten und teilweise sogar mit Gewalt versucht.

Bereits im Januar 2014 war die rechtspopulistische Partei Swoboda (Freiheit) vom Parlament der Krim auf dem Territorium der Halbinsel offiziell verboten worden. Konstantinov wurde immer wieder dazu aufgefordert, das Land zusammen mit seiner Familie zu verlassen. Ein Freund riet ihm: *«Vladimir, ich stehe hinter dir. Ich habe gehört, dass sie dich nach Kiew ins Gefängnis bringen wollen. Das sind Verrückte. Morgen werden sie Hitler zu ihrem Ehrenvorsitzenden wählen. Verlasse das Land.»* Konstantinov schreibt weiter: *«Bedrohungen gegen mich und meine Familie erhielt ich laufend in diesen Tagen. Aber ich hatte mich fest entschlossen, nicht zu fliehen. Ich bin ein Bewohner der Krim bis aufs Blut, und wie könnte ich die Menschen verlassen, die an mich geglaubt haben und mir gefolgt sind?»* Seine Tochter Katja, die zu dieser Zeit in Kiew lebte und arbeitete, wurde aus Sicherheitsgründen von seinen Freunden zurück auf die Krim gebracht.

Am 22. Februar versammelten sich Tausende von Menschen auf dem zentralen Platz in Simferopol, um den auf dem Maidan getöteten Berkut-Soldaten ihre letzte Ehre zu erweisen. Konstantinov sagte alle anderen Termine ab, um bei den Trauerfeierlichkeiten dabei zu sein.

Am 23. Februar wurde der «Tag der Verteidiger des Vaterlandes» gefeiert. Auf dieser Veranstaltung wurde auch die Volksmiliz unter der Leitung von Sergey Aksyonov gegründet. Allein in den ersten Stunden meldeten sich über 2.000 Personen als Freiwillige, darunter auch Frauen, die eine weibliche, medizinische Kompanie formierten. Später gehörten der Volksmiliz mehrere 10.000 Menschen aller Altersstufen an: Lehrer, Arbeiter, Politiker, Ärzte, Geschäftsleute. Es wurde auch eine Kompanie mit Krimtataren gegründet. Konstantinov schreibt, es sei ein Gerücht gewesen, dass die Krimtataren die Wiedervereinigung mit Russland stets abgelehnt hätten.

Die Bevölkerung der Krim erwartete konkrete Antworten und Taten von der Volksmiliz. Diese hatte aber keinen Handlungsplan. *«Wir wussten, was unser Ziel war. Aber wir hatten keine Ahnung, wie Russland reagieren würde. Wir hatten nicht das Recht, Millionen von Menschen zu einem Ziel zu führen, welches nicht erreicht werden konnte»*, so Konstantinov.

Am selben Tag versammelten sich auf dem zentralen Platz in Simferopol rund 10.000 Anhänger der Organisation Medschlis. Diese Organisation kündigte unter ihrem Führer Refat Chubarov an, alle Aktionen, die zum Verlassen der Krim aus der Ukraine beitragen würden, bekämpfen zu wollen. Bereits seit mehr als 20 Jahren hatte die ukrainische Regierung den Medschlis immer wieder benutzt, um auf der Krim einen schwelenden kulturellen Konflikt zu schüren.

Am 24. Februar 2014 kamen zwei Abgeordnete der Staatsduma, dem russischen Parlament, nach Simferopol. Sie wurden über die aktuelle Situation informiert. Die Abgeordneten machten keine konkreten Angebote, aber die moralische Unterstützung der Duma war wichtig für die Regierung und die Bevölkerung der Krim.

Am 25. Februar 2014 brachte Konstantinov die Mitglieder des Präsidiums des Parlaments zusammen und unterbreitete den Vorschlag, am nächsten Tag eine außerordentliche Sitzung des Parlaments durchzuführen. Er erklärte seinen Kollegen, dass es keinerlei Sicherheitsgarantien für sie gebe und dass jeder selbst entscheiden müsse, wie weit er gehen wolle. Konstantinov machte klar, dass er sich entschieden habe, den Weg bis zum Ende zu gehen. Niemand aus dem Präsidium entzog sich der Verantwortung.

Am 26. Februar 2014 rief Konstantinov eine Sondersitzung des Parlamentes ein. Auf der offiziellen Tagesordnung war kein Referendum aufgeführt. Dieses Wort sollte ihm während der Sitzung praktisch über die Lippen kommen. Es wurde glei-

chermaßen von Freunden wie auch Gegnern aufgegriffen. Ein Referendum durchzuführen war seiner Ansicht nach die einzige Möglichkeit, die Krim-Krise friedlich und in einem demokratisch rechtlichen Konsens beizulegen. Das Referendum sollte durchgeführt werden, um darüber zu entscheiden, ob die Rechte der Krim als Teil der Ukraine erweitert werden sollten und ob die Gültigkeit der Verfassung der Krim von 1992 wiederhergestellt werden sollte.
Bereits am frühen Morgen des 26. Februar 2014 war der Platz vor dem Parlamentsgebäude voll von Menschen. Diese waren von dem Medschlis und dem Rechten Sektor nach Simferopol gebracht worden, um das Parlamentsgebäude zu stürmen. Sie waren mit Eisenstangen und Tränengas bewaffnet und benutzten auch zermahlenes Glas von Neonröhren für ihre Angriffe. Die gewalttätige Menge wurde von unbewaffneten Menschen unter der Leitung von Sergey Aksyonov zurückgehalten. Nach einer Weile konnte die Volksmiliz die Aufständischen voneinander trennen, letztere verließen teilweise den Platz. Bei diesem Aufstand verloren zwei Menschen ihr Leben und rund 30 Personen wurden verwundet.

Konstantinov schreibt, dass er sich an diese Stunden sehr gut erinnern kann. Gegen 16 Uhr trafen sich die Abgeordneten und Konstantinov bat alle darum, sich in der Eingangshalle zu registrieren, was 49 Abgeordnete auch taten. Einige Abgeordnete, die ihre Unterstützung bereits zugesagt hatten, wurden von der Menschenmenge daran gehindert, ins Gebäude zu kommen. Konstantinov in seiner Funktion als Parlamentspräsident traf dann die Entscheidung, die Sitzung zu verschieben, und

fuhr daraufhin mit mehreren Abgeordneten ins Krankenhaus, um die Verwundeten zu besuchen, die teilweise schwere Verletzungen erlitten hatten. Laut Konstantinov herrschte eine niedergeschlagene Stimmung. Keiner wusste, wie es weitergehen sollte. Ihre Gegner feierten schon den Sieg.
Am frühen Morgen des 27. Februar 2014 bekam Konstantinov einen Anruf von seinem Assistenten. Dieser teilte ihm mit, dass das Parlamentsgebäude und der Regierungssitz von Bewaffneten übernommen worden waren. Anfangs dachte er noch, dass die lokale Volksmiliz gemeint war. Er erhielt die Nachricht, dass die Bewaffneten bereits in der Nacht mit Lastwagen ankamen und das Wachpersonal entwaffnet hatten. Konstantinov wusste nicht, was sie daraufhin unternehmen sollten und überlegte, ob man eventuell mit den Bewaffneten verhandeln könne.

Als Konstantinov mit einigen anderen Abgeordneten zum Parlamentsgebäude kam und seinen Nachnamen nannte, wurden sie widerstandslos ins Gebäude gelassen. Die Lichter waren ausgeschaltet und unter ihren Füßen knackten die Splitter der zerbrochenen Scheiben der Eingangstüren vom Vortag.
Die Männer, die das Gebäude kontrollierten, waren schwer bewaffnet. Allerdings verhielten sie sich durchaus korrekt: *«Sie störten die Arbeit der Abgeordneten nicht, bedrohten niemanden und gaben keinerlei Instruktionen. Mit einem Wort, sie waren sehr höfliche Leute.»* Ihr Verhalten machte klar, dass sie nur gekommen waren, um die reibungslose Funktion des Parlaments zu gewährleisten. Sie riefen die Abgeordneten zusammen

und alle erschienen, darunter auch diejenigen, die am Vortag nicht gekommen waren. Konstantinov schreibt, dass jeder verstanden hatte, dass etwas Wichtiges geschehen würde und jeder seine Pflicht erfüllte.
Der erste Punkt auf der Agenda sollte laut Konstantinov die Frage nach dem Referendum sein. Die Parlamentsmitglieder diskutierten diesen Punkt und waren sich schließlich darüber einig, wie die Frage formuliert sein sollte, die von den Wählern mit Ja oder Nein beantwortet werden konnte.

Die Verfassung der Krim gab der Regierung der Halbinsel weitreichende Autonomie inklusive des Rechts, Verträge für die soziale, ökonomische und kulturelle Zusammenarbeit zu schließen. Die Regierung der Krim hatte früher sogar versucht, eine Freihandelszone mit Russland aufzubauen. Natürlich war allen Beteiligten jetzt klar, dass dies ein utopischer Gedanke gewesen war. Kiew hatte nie etwas mit ihnen besprochen oder diskutiert, sondern immer seine Macht genutzt, um die Vorstellungen der autonomen Krim zu unterdrücken.

Während der Parlamentssitzung wurde das Datum für ein Referendum auf den 25. Mai 2014 festgesetzt.
Im folgenden Tagesordnungspunkt ging es um den Rücktritt des Premierministers und das Finden seines Nachfolgers. Man einigte sich schließlich auf Sergey Aksyonov als neuen Premierminister. Aksyonov, der nie Ambitionen für ein höheres politisches Amt gezeigt hatte, hatte das Vertrauen der Menschen auf seiner Seite und schien ein geeigneter Führer zu sein. Konstantinov war froh, dass

Sergey Aksyonov einwilligte. Seiner Meinung nach war er der richtige Mann, um in schwierigen Situationen schnell Entscheidungen zu treffen und war auch dazu bereit, dafür die Verantwortung zu übernehmen.

Da die Krim zu diesem Zeitpunkt noch immer Teil der Ukraine war, konnte die ukrainische Verfassung nicht außer Acht gelassen werden. Gemäß der Verfassung war es notwendig, dass der neue Premierminister vom Präsidenten der Ukraine genehmigt wurde. De facto war Viktor Janukowitsch nach wie vor Präsident. Die Einwilligung von Janukowitsch traf am 27. Februar 2014 in Form eines Telefax ein, welches bereits zum damaligen Zeitpunkt ein historisches Dokument darstellte.

Nach der Sitzung gingen Konstantinov und Aksyonov zusammen auf den Vorplatz, um die Entscheidung über das Referendum mitzuteilen. Die Menschen waren begeistert. Als Konstantinov aber sagte, dass bei dem Referendum die Frage gestellt werden würde, ob die Autonomie der Krim innerhalb der Ukraine erweitert werden solle, brachten die Menschen ihren Missmut zum Ausdruck.

In den 23 zurückliegenden Jahren hatten sie nichts anderes gewollt, als ihre Sprache zu sprechen, ihre Helden und ihre Vergangenheit zu ehren und ihre Religion auszuüben. Ältere Menschen mussten Hilfe in Anspruch nehmen, um die ukrainischen Beipackzettel ihrer Medikamente lesen zu können. Offizielle Dokumente gab es ebenfalls nur auf Ukrainisch. Russisch wurde in der Schule nur zwei Stunden wöchentlich unterrichtet. Unzählige

Male hatten die ukrainischen «Patrioten» zu ihnen gesagt: *«Ihr mögt das nicht? Koffer packen – Bahnhof – Russland!»*
Konstantinov schreibt, dass wenn in Kiew Nazis zu Helden erklärt werden, bilde dies die Grundlage der internen und externen Staatspolitik. Die gewaltsamen Ausschreitungen und die Nazi-Methoden, mit denen Menschen eingeschüchtert und sogar getötet wurden, werden in Kiew nicht einmal versteckt. Konstantinov erinnert sich an die Nazi-Verbrechen des Zweiten Weltkrieges und zieht Parallelen zu den Gewalttaten in Odessa und im Donbass. Die Krim wäre ohne Russlands Hilfe auch in diese Liste aufgenommen worden. Um Menschenleben zu retten, hat es nur eine Möglichkeit gegeben: den Zusammenschluss mit Russland.

An den Tagen des Krim-Frühlings im Februar 2014 hatten die Neonazis des Rechten Sektors mehrmals angekündigt, gewaltbereite Aufständische mit Zügen auf die Krim zu bringen, den sogenannten «Zügen der Freundschaft». Die Volksmiliz der Krim hatte mehrmals Kompanien zum Bahnhof in Simferopol geschickt, um die ungebetenen «Freunde» willkommen zu heißen. Doch als der Zug in den Bahnhof einlief, war er jedes Mal leer.
In diesen Tagen wurde Konstantinov klar, dass die Menschen auf der Krim keine andere Entscheidung treffen würden, als zu Russland zurückzukehren. Viele empörte Leute riefen im Parlament an und fragten, warum das Referendum auf den 25. Mai festgelegt wurde. *«Am 25. Mai sind wir bereits alle umgebracht worden.»*

Konstantinovs Buch zeigt unter anderem das Foto eines Mannes mit einem selbstgemachten Schild mit der Aufschrift: «Ich möchte kein Chruschtschow-Geschenk mehr sein!»
Am 27. Februar 2014 bekam Konstantinov einen Anruf vom ukrainischen Oligarchen Igor Kolomojskij, der versuchte, ihn zu überreden, das Referendum abzusagen und versprach, die Krim mit Geld und Investitionen zu überschütten. Konstantinov lehnte ab.

Am 28. Februar 2014 wurde die neue Regierung unter der Leitung von Sergey Aksyonov einberufen.
Mit diesem Tag ist auch die Erinnerung an den peinlichen Rückzug von Petro Poroschenko verknüpft. Er wollte das Parlament der Krim treffen und sein Besuch wurde Konstantinov angekündigt. Konstantinov meinte, dass die Menschen der Krim die neue Macht in Kiew hassen und er nicht für Poroschenkos Sicherheit garantieren könne.
In Simferopol traf er Poroschenko, der nachfragte, ob man das Referendum nicht absagen könne, um stattdessen eine Volksabstimmung durchzuführen. Ein Referendum ist bindend für die Regierung, wohingegen eine Volksabstimmung nur beratend wirkt. Konstantinov ging davon aus, dass die amerikanischen Ratgeber Poroschenko diese Idee ins Ohr geflüstert hatten. Im Verlauf dieses Gespräches wurden die gleichen Versprechungen gemacht, die Igor Kolomojskij schon am Vortag bei seinem Anruf gegeben hatte.

Boris Filatov, politisch der Gruppe, um Poroschenko und Kolomojskij zuzuordnen, veröffentlichte im März 2014 in einem sozialen Netzwerk

Folgendes: *«Es ist notwendig, dem Abschaum einige Versprechungen, Garantien zu geben und Zugeständnisse zu machen. Und sie aufzuhängen (...). Es ist notwendig, sie später aufzuhängen.»* Mit *«Abschaum»* waren dabei die Bewohner der Krim und des Donbass gemeint.

Konstantinov hatte das Gefühl, die Kontrolle über die Sicherheitskräfte der Krim verloren zu haben. Deren Anweisungen kamen aus Kiew und es blieb fraglich, wie sie sich verhalten würden. Der SBU hatte versucht, das Gebäude zu stürmen, war aber von den Bewaffneten – den «höflichen Leuten» – zurückgeschlagen worden. Konstantinov organisierte ein Treffen im Parlamentsgebäude. Als er und die Abgeordneten zum Parlament kamen, wurde ihnen mitgeteilt, dass sie das Licht nicht einschalten und auf keinen Fall die Vorhänge öffnen sollten, da eventuell ukrainische Scharfschützen auf sie lauerten. Auf dieser Sitzung beschlossen sie, einen Brief an den russischen Präsidenten Vladimir Putin zu schreiben und um seine Hilfe zu bitten. Zudem war es wichtig, die anderen Staats- und Sicherheitsorgane der Krim unter ihre Kontrolle zu bringen, bevor die Situation eskalieren konnte.

Der Flughafen von Simferopol war einer der strategisch wichtigsten Orte. Mittlerweile hatte das Krim-Parlament die Nachricht erhalten, dass die Spezialeinheit «Alpha» des ukrainischen Geheimdienstes auf dem Weg sei, die Halbinsel unter ihre Kontrolle zu bringen. Die Landung der Flugzeuge sollte unter allen Umständen verhindert werden. Eine Kompanie der Volksmiliz verschaffte sich unter der Leitung von Aksyonov Zugang zum Flughafen und blockierte die Landebahn. Kurze Zeit später erschien eine SBU-Einheit und drohte der Volksmiliz unter Waffengewalt, das Gelände zu verlassen. In diesem Augenblick fuhren mehrere Kamaz-Lastwagen vor. Soldaten ohne Abzeichen nahmen den Flughafen unter ihre Kontrolle, und der SBU musste sich zurückziehen. Diese Szene hat Andrey Kondrashow in seinem Film *«Crimea. The Way Home»* (Krim – Der Weg nach Hause) eindrucksvoll dargestellt.

Konstantinov schreibt, wie er sich manchmal vorstellt, was passiert wäre, wenn das Regime in Kiew einem Referendum über die Erweiterung der Rechte der Krim zugestimmt hätte. Die Regierung der Krim hätte auf dieses Angebot eingehen müssen und wäre somit in eine «Falle» getappt. Die Führung der Ukraine verfügte seiner Meinung nach allerdings nie über Personen mit einem ausgeprägten, strategischen Denken.

Nach der Übernahme der Regierungsgebäude durch die «höflichen Leute» verschwanden unmittelbar die Demonstranten des Medschlis. Ihre Führer Refat Chubarov und Moustapha Dzhemilev waren seit Jahren in kriminelle Machenschaften verwickelt, von denen auch offizielle Stellen wussten.

Am 01. März 2014 verkündete der russische Präsident Vladimir Putin, dass er die russischen Streitkräfte auf dem Territorium der Ukraine einsetzen werde, bis die soziale und politische Situation im Land stabilisiert sei. Damit war die Krim geschützt und die Machthaber der Ukraine konnten ein Referendum nicht mehr mit Gewalt verhin-

dern. Auf der Krim waren zu diesem Zeitpunkt rund 190 Einheiten des ukrainischen Militärs stationiert. Die Volksmiliz blockierte unter der Leitung von Michael Sheremet die Kasernen der ukrainischen Einheiten. Sie benutzte für die Blockade alles, was sie finden konnte, von Betonblöcken bis hin zu den eigenen Personenfahrzeugen.
Auch an der Grenze zwischen der Krim und der Ukraine waren Freiwillige rund um die Uhr im Einsatz. Vor allem Kosaken und Berkut-Einheiten kontrollierten die Grenzübergänge. Dabei wurden viele Menschen kontrolliert und gestoppt, die mit Molotowcocktails und anderen Waffen auf die Krim reisen wollten. Sie wurden zurückgeschickt.
Konstantinov erzählt, dass es ihre Idee war, mit den ukrainischen Militäreinheiten in Kontakt zu treten. Viele ukrainische Soldaten unterstützten die Krim und wechselten nach der Wiedervereinigung zur russischen Armee.

Am 03. März entschied das Präsidium, das Referendum bereits am 30. März durchzuführen. In diesen Tagen erhielt Konstantinov Hunderte Nachrichten, in denen Menschen aus Russland und der ganzen Welt ihm Mut zusprachen und die Krim unterstützten.
Ein weiterer, wichtiger Punkt der Wiedervereinigung mit Russland war laut Konstantinov auch die Wiederherstellung der Gerechtigkeit, die bereits zweimal gebrochen wurde: zuerst 1954 und ein zweites Mal 1991.

Vom ersten Moment an studierten Konstantinov und seine Mitstreiter vergleichbare geschichtliche Ereignisse. Sie erinnerten sich an den Krieg zwischen Argentinien und Großbritannien um die

Falklandinseln 1982. Nach dem Ende der militärischen Auseinandersetzung und dem Sieg Großbritanniens wurde auf der Insel ein Referendum durchgeführt. Es folgten damals keine Sanktionen gegen Großbritannien. Ein anderes Beispiel waren die Unabhängigkeit von Nordzypern und die Situation im Kosovo, welche von den USA, der Europäischen Union und anderen Ländern anerkannt wurden. In der Erklärung der UN von 1970 steht Folgendes: *«Die Errichtung eines souveränen und unabhängigen Staates oder das Entstehen eines anderen politischen Status, der von einem Volk frei bestimmt wird, ist eine Form der Durchsetzung des Selbstbestimmungsrechts des Volkes. Jeder Staat hat die Pflicht, jede erzwungene Handlung zu unterlassen, die die Völker beraubt (...) ihres Rechts auf Selbstbestimmung und Freiheit und Unabhängigkeit.»*

In der Deklaration steht weiterhin: Wenn jemand das Recht des Volkes auf Selbstbestimmung blockiert, ist dieses Volk dazu berechtigt, entsprechend den Zwecken und den Prinzipien der UN-Charta Unterstützung zu erhalten. Daher haben sie strikt nach internationalem Recht gehandelt.

Am 06. März 2014 wurde das Referendum auf den 16. März desselben Jahres datiert und zwei Fragen dafür festgelegt:

1. Stimmen Sie für die Wiedervereinigung der Krim mit Russland als ein Teil der Russischen Föderation?
2. Stimmen Sie für die Wiedereinführung der Verfassung der Republik Krim von 1992 und

den Status der Krim als Teil der Ukraine?

Konstantinov hatte keinen Zweifel daran, dass das Ergebnis mit über 90 Prozent für eine Wiedervereinigung mit Russland ausfallen würde.

Am 06. März 2014 traf er mit einer Delegation erstmals den russischen Präsidenten Vladimir Vladimirovich Putin. Noch einen Monat zuvor konnte niemand ahnen, dass ein solches Treffen stattfinden würde. Konstantinov beschreibt, dass er zwar Kutschma und Janukowitsch persönlich kannte, der russische Präsident Putin aber ein völlig anderes, intellektuelles und spirituelles Niveau habe. Auf der einen Seite war es leicht, mit ihm zu kommunizieren, auf der anderen Seite dachte er sehr strategisch und war aufmerksam für kleinste Details.

Der Präsident fragte Konstantinov, ob die Bevölkerung der Krim die Wiedervereinigung mit Russland wünscht. Dieser antwortete, dass er sich dessen absolut sicher sei. Putin fragte ihn, ob er Angst habe. Konstantinov verneinte dies. Er war sich sicher, dass das Parlament seine Vorarbeit absolut korrekt durchgeführt hatte, was ihm ein gewisses Maß an Sicherheit gab. Putin fragte nach Konstantinovs Anliegen. Dieser erklärte ihm, dass er nicht auf die Krim zurückreisen könne, ohne ein Signal von Russland, die Krim in seine Struktur aufnehmen zu wollen.

Nach der Unterredung mit dem russischen Präsidenten war sich Konstantinov sicher, dass nichts mehr schiefgehen konnte. *«Wir werden nach Hau-*

se zurückkehren.»

Am 07. März 2014 traf die Delegation die Vorsitzende des Föderationsrates, Valentina Ivanovna Matviyenko, und am 08. März den Vorsitzenden der Staatsduma, Sergey Yevgenyevich Naryshkin. Konstantinov schreibt, dass er seine Gefühle in diesen Tagen kaum beschreiben konnte. Er war überglücklich. Noch am gleichen Tag reiste die Delegation zurück auf die Krim und informierte über die guten Neuigkeiten.

Am 09. März 2014 blockierte das ukrainische Finanzministerium die Zahlungen an alle Beamten und Angestellten des öffentlichen Dienstes auf der Krim. Für über 180 000 Familien wurde das Kindergeld nicht mehr ausgezahlt. Daraufhin schritt Russland ein und zahlte die Löhne und Gehälter. Konstantinov bezeichnete diese Situation als doppelten Raub der ukrainischen Machthaber: erstens durch die Nichtzahlung der Löhne und des Kindergeldes und zweitens durch die Einlagen auf Bankkonten bei ukrainischen Banken, die nach dem Referendum die Halbinsel verlassen hatten.

Am 16. März 2014 fand das Referendum auf der Krim und in Sevastopol statt. Die Bürger entschieden sich mit überwältigender Mehrheit für einen Zusammenschluss mit der Russischen Föderation. Die Wahlbeteiligung betrug 83,1 Prozent und 96,77 Prozent stimmten für den Anschluss an Russland.

Am 17. März 2014, einem Tag nach dem Referendum, unterzeichnete das Parlament der Krim eine Regelung, wonach die ukrainische Währung ein

gültiges Zahlungsmittel bis zum 01. Januar 2016 bleiben sollte. Tatsächlich aber wurden alle Zahlungen bereits nach weniger als drei Monaten nur noch in russischen Rubeln getätigt.
Nach dem Plan der Aufständischen in Kiew sollte eine Blockade der Wasserversorgung, des Transportes und der Lebensmittel eine schwere, ökonomische Krise auf der Krim verursachen. Diese sollte zum Erliegen der Landwirtschaft und zu einer humanitären Katastrophe führen. Doch die Bewohner der Krim lernten, ohne das Wasser des Dnepr zu leben.

Am 22. November 2014 sprengten Extremisten des Medschlis einen Strommast an der Grenze zur Krim. Die gesamte Halbinsel hatte daraufhin keinen Strom. Das Ministerium für Katastrophenschutz und ganz Russland half mit Generatoren und mobilen Gaskraftwerken, die Situation unter Kontrolle zu bringen.

Konstantinov schreibt, dass die Mentalität der Menschen in der Ukraine, das Abwarten und Hoffen, irgendwann zu den Gewinnern zu zählen, dazu beigetragen hat, den Staatsstreich in Kiew überhaupt zu ermöglichen. Viele seien zu ängstlich gewesen, um ihre Meinung öffentlich zu sagen, egal ob es das Referendum auf der Krim, den Krieg im Donbass, ihre Beziehung zu Russland oder die Regierung in Kiew betraf. *«Ich bin sicher, dass dieses Merkmal der ukrainischen Mentalität – abzuwarten – das Regime in Kiew stürzen wird.»*, schreibt er. Konstantinov glaubt, dass es in der Ukraine keine Anhänger geben werde, die dem Regime den Rücken stärken, wenn sich der *«Wind drehen»* sollte. In der Ukraine war seiner Meinung nach das Gleiche wie in Deutschland nach dem Zweiten Weltkrieg nötig: eine Denazifizierung, Demilitarisierung, Demokratisierung, Dezentralisierung und das Entmachten der Oligarchen. Der letzte Punkt war dabei besonders wichtig, denn die Oligarchen finanzierten die Nazi-Bataillone, die gegen den Donbass kämpften. Ihre Macht war nicht kompatibel mit einer Demokratie. *«Nach alle dem muss die Ukraine eine parlamentarische Republik werden.»* Laut Konstantinov beabsichtigt die Krim eine Unterstützung der Wiederherstellung der Ukraine für eine demokratische, gute Nachbarschaft. *«Wir sind bereit, unseren Brüdern zu helfen, ihren Weg zu gehen – so wie wir unseren gegangen sind.»*

Für Konstantinov passierte in den Tagen des Krim-Frühlings im Februar 2014 so viel, dass Jahre und sogar Jahrzehnte der Arbeit und Entscheidungen in wenige Tage und Wochen gepresst wurden. Am Wahltag herrschte eine große Angst vor Provokationen, die allerdings nicht eintraten. 83 Prozent der Wahlberechtigten nahmen am Referendum teil, fast 97 Prozent stimmten für die Wiedervereinigung mit Russland. Das waren mehr als erwartet. Morgens schon standen die Menschen in langen Schlangen vor den Wahllokalen, was es in den ukrainischen Zeiten niemals gegeben hatte.

Konstantinov erzählt, wie er seine Stimme in einem Wahllokal in Simferopol abgegeben hatte, bevor er nach Hause in die Siedlung Nauchny bei Bachtschissaraj fuhr. Er war dort bereits zur Schule gegangen, sein Vater hatte früher dort gearbeitet. Die Menschen auf der Straße gratulierten ihm und sagten: «*Wir wünschten, dass dein Vater es miterleben könnte.*» Er erinnerte sich an die Diskussionen mit ihm. Sie waren sich bereits damals darüber einig, dass die Krim zwangsläufig zu Russland zurückkehren werde – dies aber noch lange dauern würde.

Am 17. März 2014 reiste eine Delegation des Krim-Parlaments nach Moskau, um das historische Dokument zu unterzeichnen, welches die Republik Krim in die Russische Föderation eingliedern sollte. «*Und dann war da der glänzende St.-Georgs-Saal im Kreml, wo wir das überwältigende Gefühl hatten, dass vor unseren Augen Geschichte geschrieben wird und wir ein Teil davon waren. Apropos, ich bin niemals zuvor im Kreml gewesen, nicht mal als Besucher.*»

Am 18. März 2014 hörten alle die historische Rede des russischen Präsidenten. Das Staatsoberhaupt betonte, dass das Referendum im Einklang mit den demokratischen Verfahren und den internationalen Rechtsnormen stattgefunden hatte. «*Im Bewusstsein der Menschen war und ist die Krim ein fester Bestandteil Russlands. Diese auf Wahrheit und Gerechtigkeit basierende Überzeugung war unerschütterlich und wurde von Generation zu Generation weitergegeben, sowohl hinsichtlich der Zeit als auch der Umstände. Alle dramatischen Veränderungen, die unser Land im 20. Jahrhundert durchlebte, waren im Vergleich dazu machtlos.*» Weiterhin sagte der Präsident: «*Die Festigkeit der außenpolitischen Linie Russlands beruhte auf dem*

Willen von Millionen von Menschen, auf der nationalen Einigung mit Unterstützung der führenden politischen und öffentlichen Kräfte.» Konstantinov, Aksyonov und Alexey Charly, der Leiter des Krim-Frühlings in Sewastopol, unterzeichneten den Beitrittsvertrag und schüttelten Hände mit dem Präsidenten. Konstantinov schreibt darüber: *«Wir sind nicht gegangen, wir sind geschwebt. Niemals in meinem Leben hatte ich ein solches Gefühl.»*

Als er die Information erhielt, dass der Westen daraufhin Sanktionen einführen werde, schwanden alle seine Illusionen über dessen Objektivität. Dabei erinnerte er sich an die Worte von Franz von Assisi: *«Beginn mit dem Notwendigen, dann mach das Mögliche und du wirst sehen, du tust das Unmögliche.»*
Konstantinov resümiert: *«Und wirklich, zunächst haben wir das getan, was notwendig war, um die Krim vor den ukrainischen Nazis, vor Chaos und Krieg zu schützen. Dann taten wir alles, was möglich war, um einen Weg zu finden, wie die Krim friedlich und legal mit Russland vereinigt werden konnte. Und am Ende das Unmögliche – die historische Wiedervereinigung geschah.»*

Konstantinov schreibt weiter: *«Ich wünschte, meine Eltern hätten bis zu diesem Tag gelebt.»* Er fand es nicht schön, die vielen Kritiken zu lesen und zu hören, die behaupteten, dass die Bewohner der Krim nur Marionetten des Kremls seien. Natürlich hatte der Kreml garantiert, den freien Willen der Menschen zu wahren. Ohne ihn hätte das Referendum nicht stattfinden können. Dennoch: Ohne die Schnelligkeit, die gezielten Aktionen und die Unterstützung der Menschen der Krim, die nach Russland zurückwollten, hätte ihnen niemand eine helfende Hand gereicht.

«Die Bewohner der Krim haben sich nie als Ukrainer gefühlt. Bildlich gesprochen, haben wir unsere Uhren immer nach der Uhr des Kremls gestellt. Diese Einheit war der Hauptfaktor für unseren Sieg.»

Im Nachwort seines Buches schreibt Konstantinov, dass nach nunmehr drei Jahren (2017) die Eingliederung der Krim in die Russische Föderation schneller vorangehe als erwartet, aber dass die Bewohner der Krim sich selbst und ihre Halbinsel erst neu entdecken müssten. Russland müsse auch verstehen, dass die Jahre der Separation die Menschen verändert habe. Natürlich bestünden weiterhin wirtschaftliche, finanzielle, soziale und administrative Probleme, aber man könne heute schon mit Bestimmtheit sagen, dass die größten Herausforderungen bereits gemeistert wurden. Trotz der westlichen Sanktionen und der Blockaden der Ukraine haben die Bewohner der Krim es geschafft, ihre Arbeitsplätze und Firmen zu erhalten und sogar weiter auszubauen. Das russische Sozialsystem sei zudem besser als das der Ukraine, aber an diese Vorteile habe im Februar 2014 natürlich niemand gedacht.

Die Bewohner der Krim haben nicht für Privilegien oder ein größeres Stück vom Kuchen gekämpft, sondern für Frieden, Würde und Freiheit in ihrem Land und für den Erhalt ihrer geistigen und moralischen Werte. Das alles konnte ihnen Russland geben.

Bedauerlicherweise ist das Ergebnis des Referendums auf der Krim noch immer nicht international anerkannt. Die westlichen Politiker, die den Staatsstreich in der Ukraine unterstützt haben, unternehmen gemeinsam mit den Medien alles, um die Wahrheit über die Ereignisse auf der Krim im Februar und März 2014 zu verschleiern.
«Unser Ziel ist es über die Wahrheit mit Hilfe der Volksdiplomatie zu informieren. (...) Die Treffen mit zahlreichen westlichen Delegationen, die die Krim besuchen, zeigen mir, dass der Westen beginnt, die Einzigartigkeit und Legitimität des Referendums anzuerkennen.»

Am Ende seines Buches dankt Vladimir Konstantinov seinen Weggefährten und den Bewohnern der Krim und schließt mit den Worten: *«Wir sind unseren Weg zusammen gegangen – Wir werden jede Blockade durchbrechen, wir werden eine Krim nach unseren Träumen bauen!»*

Im Anhang des Buches sind auf 55 Seiten alle wichtigen Briefe und Dokumente vom 22. November 2013 bis zum 18. März 2014 aufgeführt. Dieses macht das Buch zu einem zeitgeschichtlichen und historisch wichtigen Dokument.
Man kann zum Buch und den Aussagen von Vladimir Konstantinov stehen, wie man will. Fakt ist jedoch, dass es nicht viele Bücher oder Dokumente von direkt beteiligten Zeitzeugen der Ereignisse gibt. Die meisten Berichte und Darstellungen sind lückenhaft und greifen nur einzelne Teile auf.

Dass Vladimir Konstantinov seine eigene Sichtweise der Dinge beschreibt, ist selbstverständlich. Doch selbst wenn man in einigen Punkten uneinig sein sollte, so ist es wichtig, auch einmal die andere Seite zu Wort kommen zu lassen und deren Standpunkt zu analysieren.

Die Mehrzahl unserer westlichen Medien hat in den letzten Jahren leider nicht dazu beigetragen. Auch wenn Konstantinov als Politiker mit einer klaren Agenda für die Wiedervereinigung der Krim mit der Russischen Föderation eingetreten ist, spiegelt sein Bericht doch die Meinung der überwältigenden Mehrheit der Krimbewohner wider. Dies leichtfertig als russische Propaganda und Bruch des Völkerrechts abzutun, führt nicht zu einem konstruktiven Dialog.

REISE AUF DIE KRIM

Die vielen Zeitungsartikel und Berichte der Mainstream-Medien, in welchen die Situation in Russland, auf der Krim und im Donbass beschrieben wurde, weckten mein Interesse, dieses «okkupierte» Gebiet einmal selbst in Augenschein zu nehmen.
Im Oktober 2016 bot sich die Gelegenheit, mit einer deutsch-russischen Delegation auf die Krim zu reisen. Zusammen mit meiner Frau nahm ich dieses Angebot wahr, worauf wir zwei Wochen später von Oslo via Moskau nach Simferopol flogen.
Freunde und Bekannte rieten uns stark von einer Reise auf die annektierte Krim ab. Das norwegische Außenministerium hatte auf seiner Internetseite bereits 2014 vorsorglich eine Reisewarnung herausgegeben. *«(...) Zusätzlich kann man ein 5-jähriges Einreiseverbot für die Ukraine erhalten, weil ukrainisches Recht verletzt worden ist. Die Krim wird als ukrainisches Territorium angesehen. (...)»*[58]

Nach einer Woche Aufenthalt auf der Krim mit einem inhaltsreichen Programm und unzähligen Gesprächen konnten wir einen ganz anderen Eindruck der Verhältnisse auf der Krim gewinnen.
Zurück in Norwegen überlegten wir, was wir mit unseren neuen Erkenntnissen anfangen könnten. Im Februar 2017 veröffentlichte die norwegische Zeitung «Neue Zeit» unseren Artikel:

«Das Bild, welches norwegische Medienkonsumenten von der Situation auf der Krim bekommen, ist alles andere als richtig:

Die sogenannte Krimkrise gegen Ende des Jahres 2013 war der Auslöser dafür, dass die Zusammenarbeit zwischen Russland und Europa plötzlich stoppte. Der Westen und die USA beschuldigten Russland, die Krim annektiert zu haben und von da an zierte der russische Präsident Vladimir Putin monatelang die Titelseiten der Zeitungen. Die Überschriften deuteten darauf hin, dass Putin der neue Diktator war, der das russische Imperium neu aufbauen wollte. Unsere westlichen Propagandamedien haben viele in den letzten drei Jahren dazu gebracht, eine wirkliche Angst vor einem russischen Angriff zu empfinden. Der Oberkommandierende der NATO in Europa, Curtis Scaparotti, erklärte im Senat im April 2016, dass man «alle Alternativen auf dem Tisch» behalten solle. Hierunter fällt auch eine militärische Lösung. Auf der offiziellen Internetseite der NATO sind Argumente aufgeführt, die das Aufrüsten entlang der russischen Grenze untermauern sollen. Um die einseitigen Informationen zu umgehen, ist man gezwungen, sich selbst ein Bild zu machen.

Im Oktober letzten Jahres hatten wir die Möglichkeit, zusammen mit einer deutschen Delegation auf die Krim zu reisen. Zusammen waren wir 13 Teilnehmer, bestehend aus Geschäftsleuten, Politikern und dem Leiter eines Kulturvereins. Die Einladung dazu kam von der «Deutschen Minderheit der Republik Krim» in Zusammenarbeit mit der russischen Regierung. Leiter der Vereinigung auf der Krim ist Juri Gempel, selbst Mitglied des Parlaments in Simferopol und der Regierungspartei «Einiges Russland». Er hat gute Kontakte zur Regierung auf der Krim und auch nach Moskau.

Die Motivation, eine solche Reise zu unternehmen, die die Ukraine als Verletzung ihres Territoriums ansieht, sind diese drei Fragen, auf die wir eine Antwort haben wollten:

1. *Werden wir in Norwegen objektiv informiert?*
2. *Warum haben über 90 Prozent für die Wiedervereinigung mit Russland gestimmt?*
3. *Werden Minderheiten unterdrückt und verfolgt, so wie es in mehreren Medien beschrieben wird?*

Im Laufe von sieben Tagen erlebten wir eine Mischung aus kulturellen Sehenswürdigkeiten, der Besichtigung der Festung in Sevastopol, dem Besuch mehrerer Denkmäler und Friedhöfe des Zweiten Weltkrieges sowie von touristischen Attraktionen wie dem Schwalbennest in Yalta bis hin zu Gesprächen mit Politikern und Diplomaten. Bei der Vorbereitung unserer Reise konnten wir unsere Wünsche äußern, etwa, was wir gerne sehen wollten oder welche Personen wir sprechen möchten. Mehrere Teilnehmer, uns inklusive, hatten den Wunsch, mit Minderheiten, zum Beispiel den Krimtataren, zu sprechen, die in unseren Medien oft als unterdrückte Volksgruppe auf der Krim dargestellt werden.

Wir besuchten Jewpatorija und am Tag danach das kulturelle Zentrum der Krimtataren, die Stadt Bakhschissaraij, wo wir die Möglichkeit hatten, mit

Menschen in einem Café und beim Mittagessen in einem armenischen Restaurant zu sprechen. Die Rückmeldung der meisten war, dass sie zufrieden mit der Wiedervereinigung der Krim mit Russland waren. Die Krimtataren waren glücklich darüber, dass die Russische Föderation finanzielle Mittel zur Verfügung stellt, um alte Gebäude zu sanieren und dass ein neues Programm Grundstücke ausgibt – an Krimtataren, die unter Stalin vertrieben worden waren.

Sogar in einem ukrainischen Restaurant und auf den Straßen von Sewastopol herrschte Einigkeit, dass die Krim russisch war. Viele hatten Angst vor den Konsequenzen der rechtsradikalen Regierung in Kiew, wenn nicht Präsident Putin die Wiedervereinigung genehmigt hätte.

Stolz erzählten Restaurantbesitzer und Geschäftsinhaber, dass Obst und Gemüse jetzt aus eigener Produktion kommen. Nachdem die EU und Norwegen Sanktionen eingeführt haben, hat sich die Landwirtschaft gut entwickelt. Es werden große Summen von den Milchbauern und Geflügelproduzenten in die Landwirtschaft investiert, weswegen diese eine hohe Qualität hat.

Minister und Mitglieder der Staatsduma aus Moskau, mit denen wir Gespräche führten, erzählten uns offen, dass die Krim schon immer russisch war, und dass sie nicht zurück zur Ukraine wollten. Moskau könne eine Neutralität der Ukraine akzeptieren, aber keine Mitgliedschaft in der NATO. Der Begriff Annexion sei natürlich falsch, da es sich um eine Separation handelt, die durch eine Volksabstimmung legitimiert wurde. Das Völkerrecht wur-

de auch nicht verletzt, weil die Separation im Völkerrecht nicht behandelt wird und daher auch nicht verletzt werden kann. Außerdem würde sie das Selbstbestimmungsrecht der Völker einschränken.
Diese Reise hat uns Antworten auf verschiedene Fragen gegeben. Wir verstehen die Situation auf der Krim jetzt besser. Unser Fazit ist, dass wir in Norwegen von unseren Medien nicht objektiv informiert werden. Die meisten sogenannten Experten, die sich zu Wort melden, sind von der einen oder der anderen Seite beeinflusst. Die Menschen auf der Krim haben, aufgrund ihrer starken Verbindung und ihrer Gefühle, mit überwältigender Mehrheit die Wiedervereinigung mit Russland gewählt. Der Stolz und die Freude über einen russischen Reisepass und ein russisches Nummernschild am Auto ist groß und überall sichtbar.
Auch die Minderheiten, mit denen wir gesprochen haben, waren zufrieden mit dem Fortschritt und der Anerkennung ihres kulturellen Erbes. Öffentliche Investitionen in Gebäude, Moscheen und die Infrastruktur zeigen der Bevölkerung, dass ihre Kultur willkommen ist oder zumindest zur Krim dazugehört.
Wir haben nicht einen unbehaglichen Moment auf der Krim erlebt. Wir haben auch keine russischen Soldaten gesehen oder Statisten, die für Putin gejubelt haben.
Die Frage ist, wie wir uns in Norwegen gegenüber Russland in Zukunft verhalten wollen. Wir haben eine direkte Grenze und waren einst durch gute Handelsbeziehungen verbunden. Russland hat große Verluste erlitten, um Europa von den Nazis

zu befreien, aber ohne die gleiche Dankbarkeit zu erhalten wie England oder die USA. Was erwarten wir also von Russland? Wir in Norwegen zeigen nach 70 Jahren Demokratie mit dem Finger auf Russland, das ein Regime nach dem anderen ertragen musste und erst seit ungefähr 25 Jahren frei ist. Sollten wir nicht etwas Geduld haben mit Russland und dessen Gedanken und Vorstellungen? Ist es in unserem Interesse, Russland auszugrenzen, alle Handelsbeziehungen zu beenden und die NATO massiv aufzurüsten, was in Russland nur als offene Provokation verstanden werden kann?
Dass der Ausdruck «Putinversteher» ein Schimpfwort geworden ist, zeigt, wie weit wir bereits gekommen sind. Müssen wir nicht erst den anderen verstehen, bevor wir Uneinigkeiten diskutieren können?»[59]

Dieser Artikel weckte großes Interesse und ich bekam viele Zuschriften von Menschen, die unsere Ansichten unterstützten. Negative Reaktionen blieben bis auf einige wenige fast vollständig aus. Eine sehr kurze E-Mail einer Dame stellte nur die Frage, ob die Möglichkeit bestünde, mit einer norwegischen Gruppe auf die Krim zu reisen. Ich bestätigte dies und bot ihr an, Kontakt mit der Krim aufzunehmen sowie Juri Gempel zu fragen, ob die Möglichkeit bestünde, mit einer norwegischen Delegation zu kommen.
Aus diesem und anderen Kontakten heraus entwickelte sich im Laufe des Frühjahres und des Sommers 2017 die Organisation «Volksdiplomatie Norwegen», welche am 22. August 2017 offiziell registriert wurde.

Bereits nach Erscheinen des Zeitungsartikels im Februar hatte ich eine E-Mail an die russische Botschaft in Oslo geschrieben und um ein Treffen gebeten, welches kurz darauf stattfand. Zwei Diplomaten der Botschaft in Oslo empfingen meine Frau und mich und nahmen sich eine Stunde Zeit, um mit uns zu sprechen. Andrey Kolesnikov und Maxim Koloss wollten wissen, warum wir auf die Krim gefahren waren, was unser Eindruck sei und was unsere nächsten Ziele sein würden.

Unser Verein «Volksdiplomatie Norwegen» pflegt nach wie vor guten Kontakt zur russischen Botschaft und zum russischen Konsulat in Oslo. Die Unterstellung einiger norwegischer Medien, dass die Botschaft uns insgeheim für ihre Ziele und Propaganda missbraucht, entbehrt allerdings jeder Realität. Der Botschafter, Teimuraz O. Ramishvili und seine Mitarbeiter, begegnen uns freundlich und sind hilfsbereit, halten aber immer eine professionelle Distanz. Auch der Vorwurf, dass wir das Sprachrohr der russischen Botschaft seien, trifft nicht zu. Unsere Aktivitäten beruhen auf den persönlichen Erfahrungen und Einschätzungen eines jeden Mitglieds und werden weder von Russland finanziert noch von dort aus gesteuert.

Im Sommer 2017 wurde die Presse auf unsere Aktivitäten und die Planungen zur ersten norwegischen Delegationsreise auf die Krim aufmerksam. Der Russlandkorrespondent eines der größten norwegischen Fernsehsender, TV2, Øystein Bogen, bat um einen Termin zu einem Interview, welchen wir bestätigten.

Als am darauffolgenden Tag Teile des Interviews in der Hauptnachrichtensendung ausgestrahlt wurden, konnte ich live miterleben, welche manipulativen Auswirkungen die Macht der Bilder haben kann. Zu meinem aktuellen Interview wurden Bilder von 2014 gezeigt, in welchen Soldaten in Kampfanzügen und mit schwerer Bewaffnung die ukrainischen Kasernen bewachten. Der Moderator begann mit den Worten:
«Im Februar 2014 okkupierte Russland die Krim. Jetzt plant eine Gruppe norwegischer Aktivisten, die Krim zu besuchen, um zum norwegisch-russischen Dialog beizutragen. Das Außenministerium ist nicht begeistert (...)»[60]
Das norwegische Außenministerium vermeldete durch seine Staatssekretärin Marit Berger Røssland, dass von Seiten des Ministeriums eine klare Reisewarnung für die Krim bestünde und man nichts von einer solch offiziellen Reise wisse. Das Ministerium sei kritisch gegenüber derartigen Reisen, weil diese dazu beitragen könnten, die unerlaubte Annexion der Krim zu legitimieren.
Während im Hintergrund wieder die Bilder von russischen Soldaten gezeigt wurden, erklärte der Korrespondent dem Publikum, dass *«(...) die russische Okkupationsmacht infolge von UN-Reporten mit willkürlicher Gefangennahme, Verfolgung und Folterung gegen ethnische Minderheiten vorgeht.»*

Bereits fünf Minuten nach der ersten Ausstrahlung des Interviews klingelte zum ersten Mal mein Telefon. Verschiedenste Personen riefen mich an und fragten nach den Möglichkeiten, Mitglied in unserer Organisation zu werden oder selbst auf die

Krim zu reisen. In den darauffolgenden Tagen schrieb und beantwortete ich zahlreiche Anrufe und E-Mails.

Zwei Tage später sah sich auch der norwegische Außenminister Børge Brende dazu gezwungen, zu unserer bevorstehenden Reise persönlich Stellung zu nehmen: *«Ich bin sehr enttäuscht, dass Norweger auf die Krim reisen – in sogenannter Solidarität mit Russland, welches die Krim okkupiert und annektiert hat. Das, was sie tun sollten ist, dafür zu demonstrieren, dass Russland das Völkerrecht einhält und nicht für eine Botschaft, die der russischen Propaganda dient. Sehr merkwürdig.»*[61]

Am Tag unserer Abreise, den 05. Oktober 2017 befanden wir uns bereits am Flughafen in Oslo, als mich der Chefredakteur einer der größten norwegischen Tageszeitungen, VG (Verdens Gang), anrief. Noch am gleichen Tag veröffentlichte er einen Bericht mit dem Titel:
«Eine Gruppe norwegischer Aktivisten der Vereinigung Volksdiplomatie Norwegen ist auf dem Weg zur annektierten Krim. Das Außenministerium ist sehr kritisch».[62]

Der Artikel berichtete, dass viele russische Zeitungen bereits von der Krim-Reise einiger Norweger berichtet hatten, die trotz des Drucks des Außenministeriums kommen werden. Auch VG hatte mehrere Gegenstimmen zu unserer Reise eingeholt. Neben einem Abteilungsleiter des Außenministeriums kommentierte auch der Generalsekretär des Helsingforskomitees, Bjørn Engesland, unsere Reise:

«Die russische Annexion der Krim war ein Bruch des Völkerrechts. Daraus folgend haben die EU, USA, Norwegen und andere Länder Sanktionen eingeführt. Dass eine Delegation von Norwegern dabei ist, diese Einigkeit zu brechen, ist im besten Fall verstimmend.»[63]

Alle Fernseh- und Zeitungsberichte dieser Tage waren natürlich einseitig und kümmerten sich nicht um die Frage, ob es eventuell eine andere Sichtweise auf die Geschehnisse im Frühjahr 2014 geben könnte. Die offizielle Meinung der Regierung wurde von keinem der Reporter und zu keinem Zeitpunkt in Zweifel gezogen. Zugutehalten kann ich den norwegischen Mainstream-Medien nur, dass sie in diesen und auch späteren Berichten unsere Vereinigung nicht als eine Ansammlung von hirnlosen Idioten darstellten, sondern uns bisher immer mit Respekt behandelten.

Nachfolgend will ich von der ersten norwegischen Delegationsreise auf die Krim berichten, um die dadurch gewonnenen Eindrücke zu vermitteln.
Unsere Delegation bestand aus insgesamt neun Personen: zwei Ärzte, die aufgrund einer Zusammenarbeit mit russischen Krankenhäusern bereits mehrmals in Russland waren, deren Ehefrauen, eine ehemalige Abteilungsleiterin eines Krankenhauses und einer Schauspielerin. Dazu einen Ehepaar, wo er als Unternehmer und seine Frau als Dozentin an einer Universität gearbeitet hatten, und einer Dame, die einen eigenen Buchverlag hat. Ihr Mann musste die Reise kurzfristig aus gesundheitlichen Gründen absagen. Zusätzlich bestand unsere Gruppe aus meiner Frau und mir.

Wir trafen uns am Flughafen in Oslo und reisten zusammen via Moskau nach Simferopol.
Als wir um 1 Uhr nachts in Simferopol ankamen, wartete vor dem Flughafengebäude bereits unser Fahrer mit dem Bus. Nach dem Verladen des Gepäcks fuhren wir zu unserem Hotel in Yalta an die Südküste der Krim. Während des Eincheckens erhielten wir bereits Getränke und Gebäck, bevor sich alle zügig schlafen legten.

Am nächsten Morgen bot sich bei strahlendem Sonnenschein ein fantastischer Blick von unserem Balkon auf das Schwarze Meer, dessen Küste nur 30 Meter vom Hotel entfernt lag.
Zusammen mit Parlamentsmitglied Juri Gempel besuchten wir von Yalta aus in den drei darauffolgenden Tagen die Sehenswürdigkeiten entlang der Südküste der Krim. Dr. Juri Konstantinowitsch Gempel war zu diesem Zeitpunkt stellvertretender Vorsitzender des «Komitees für interethnische Beziehungen» und Vorsitzender des Deutschen Kulturvereins bzw. der Deutschen Minderheit der Krim. Er hat deutsche Vorfahren und eine seiner Töchter studierte und wohnt in Deutschland. Juri Gempel hatte im Rahmen des Projektes «Volksdiplomatie» die Aufgabe, ausländische Delegationen zu begleiten und für deren Aufenthalt zu sorgen.

In Yalta besuchten wir am ersten Tag das Kinder- und Jugendcamp Artek (ICC – International Children Camp), welches vor mehr als 80 Jahren zu Zeiten der Sowjetunion gegründet wurde. Seit dieser Zeit haben mehr als 1,5 Millionen Kinder aus aller Welt das Camp besucht.[64] Nina Lazareva, die junge Leiterin für internationale Angelegenheiten im Camp, führte unsere Delegation durch die An-

lage und beantwortete in perfektem Englisch all unsere Fragen.
Auf dem riesigen Gelände von mehr als 218 Hektar mit 7,5 Kilometer Strandlinie, befinden sich neun Camps mit insgesamt rund 3 500 Kindern und Jugendlichen: Camp Yantarny (Bernstein), Camp Polevoi (Feld), Camp Rechnoi (Fluss), Camp Khrustalny (Kristall), Camp Ozyorny (See), Camp Lesnoi (Wald), Camp Lazurny (Blau) und Camp Morskoi (Marine).
Eltern aus aller Welt haben die Möglichkeit, ihre Kinder hier anzumelden – als Ferienlager mit den unterschiedlichsten Schwerpunkten und Aktivitäten, als Schule für einige Monate oder sogar für ein ganzes Schuljahr. Artek beschäftigt mehr als 600 Angestellte, Lehrer und pädagogisches Personal. Für viele junge russische Lehrer ist es eine Ehre, einmal in Artek unterrichten zu dürfen. Das Alter der Lehrer liegt im Durchschnitt bei 35 Jahren. Beim Essen erzählte mir der stellvertretende Direktor, Juri Eelmaa, dass die Lehrer für maximal zehn Jahre bei Artek bleiben dürfen. Nach dieser Zeit werden sie ersetzt, damit ein langsames Einsickern von Gewohnheiten vermieden werden kann.
In der großen Mensa, in der auch wir verköstigt wurden, werden alle Lebensmittel täglich frisch angeliefert. Fest angestellte Köche kochen mehrmals am Tag eine große Auswahl frisches und gesundes Essen mit viel Gemüse und Obst. Pizza, Pommes frites oder anderes Fastfood suchte man hier vergeblich.
Sportliche Aktivitäten werden in großer Zahl angeboten, vom Segeln und jedem erdenklichen Wassersport bis hin zu Tennis, Tanzen, Leichtathletik und Fußball. Das eigene Stadion bietet Sitzplätze

für insgesamt 7.000 Zuschauer und wird für große und kleine Anlässe oft genutzt.
Im campeigenen Juri-Gagarin-Museum sind sowohl originale Gegenstände des russischen Helden als auch die Geschichte der Raumfahrt ausgestellt.

Eigene Busse bringen die Kinder zu den verschiedenen kulturellen oder geschichtlichen Sehenswürdigkeiten der Halbinsel. Wir konnten die Gruppen von Kindern mehrmals auf unserer Reise beobachten, wie sie zusammen mit den Lehrern in ihrer Schulkleidung Besichtigungen unternahmen. Die Schulkleidung kann dabei nicht mit einer klassischen Schuluniform verglichen werden. Die Kinder tragen, je nach Camp, farbig cool gestaltete Kapuzenpullover oder Jacken, die keineswegs an Anstand und Ordnung, sondern mehr an Gruppenzugehörigkeit erinnern.

Wir fragten nach, wie sich Artek in den Jahren seit der Wiedervereinigung mit Russland 2014 entwickelt habe und ob die Sanktionen gegen die Halbinsel eine Rolle spielten. Nina erklärte, dass zwischen 2014 und 2016 insgesamt 1.118 Kinder aus 45 Ländern zu Besuch waren, darunter auch viele Länder, die die Sanktionen gegen Russland unterstützen oder selbst eingeführt hatten, *«(...) oft sind es auch Kinder, deren Eltern vor vielen Jahren selbst einmal bei Artek waren.»*

Artek ist sehr am weiteren Ausbau und der Festigung der internationalen Beziehungen interessiert, um den Kontakt zu Eltern und Kindern im Ausland nicht zu verlieren.

Artek ist aus unserer europäischen Sicht schwierig einzuordnen. Die gigantische Größe in Zahlen erinnert unweigerlich an die übertriebenen Dimensionen sowjetischer Großveranstaltungen. Auf der anderen Seite wirkt Artek nicht erdrückend oder pompös. Die Gebäude sind in die Landschaft eingepasst, das Gelände grün und mit vielen kleinen Wäldern bewachsen.

Auch hier kommt wieder das anfangs beschriebene Messen mit zweierlei Bezügen zum Tragen. Während verschiedene Reportagen Artek zu Zeiten der Ukraine als Erholungszentrum für Kinder anpreisen, sei es nun – unter der russischen Regierung – zu Putins Indoktrinationslager der kommenden Generationen verkommen.
Wie man auch immer dazu stehen mag, Kinder aus der ganzen Welt oder der gesamten Russischen Föderation nach Yalta zu bringen: Fakt ist, dass auch wir aus Europa hier vieles lernen könnten, was unseren heimischen Bildungssystemen dienlich wäre.

Am späten Nachmittag besichtigten wir das bekannte Weingut Massandra, welches 1884 auf Wunsch von Zar Nikolaus II. errichtet wurde. Nach einem Rundgang im Weinkeller, der über 1 Million Flaschen Wein verschiedenster Jahrgänge beinhaltet, und der Besichtigung der Lager und Produktionsräume, wurden wir zu einer Weinverköstigung eingeladen.

Am darauffolgenden Morgen stand der Besuch des berühmten Liwadija-Palastes auf dem Programm. Der Palast in einem Vorort von Yalta diente dem letzten russischen Zaren Nikolaus II. als

Sommerresidenz. Eine junge Dame, die unsere Delegation durch die Anlage führte, konnte unsere zahlreichen Fragen bezüglich der Geschichte des Gebäudes in gepflegtem Englisch beantworten.

Der am 11. September 1911 eingeweihte Palast besitzt 116 Räume, die in verschiedenen Stilen eingerichtet sind. Den Hauptteil des Gebäudes bildet der große Saal mit dem sich anschließenden italienischen Innenhof, in welchem das weltberühmte Foto der Yalta-Konferenz von 1945 entstand, auf dem US-Präsident Roosevelt, Winston Churchill und Josef Stalin auf Stühlen nebeneinandersitzen.

Liwadija Palast (Foto: Hendrik Weber)

Da Zarin Alexandra auch hier auf die Annehmlichkeiten elektrischen Stroms nicht verzichten wollte, wurde ein eigenes Elektrizitätswerk gebaut, welches heute als Orgelhaus benutzt wird. Außerdem wurde ein elektrischer Aufzug im Schloss installiert.
Nach der Abdankung und der Ermordung des Zaren Nikolaus II. wurde der Palast von 1931 bis 1941 als Sanatorium genutzt.

Als die deutsche Armee den Feldzug auf der Krim mit der Einnahme von Sewastopol beendet hatte, wurde hier im Juli 1942 General Erich von Manstein zum Generalfeldmarschall ernannt.

Auf unserem Rundgang durch die oberen Etagen besichtigten wir auch das Arbeitszimmer von Nikolaus II. Der Ausblick von seinem Balkon aus weißem Kalkstein auf den Garten mit den spitzen Zypressen und dem dahinter liegenden hellblauen Meer ist bei strahlendem Sonnenschein einfach atemberaubend. Als wir in das Musikzimmer von Zarin Alexandra gelangten, stand neben dem Piano ein Chor aus vier Sängern, den Juri Gempel als Überraschung in unser Programm eingebaut hatte. Einer der Angestellten des Palastes verschloss hinter uns leise die Türen und die vier begannen mit ihren kraftvollen Männerstimmen drei russische Lieder für uns zu singen. Eine wirklich gelungene und unerwartete Überraschung.

Nach unserem Besuch im Palast hatten wir noch Zeit, die Anlagen um den Palast und die herrschaftlichen Gästehäuser zu besichtigen.
Die palasteigene Kirche, die bereits 1866 erbaut wurde, bildete den Abschluss unseres Besuches.

Der Sitzungssaal des Liwadija-Palastes wird heute unter anderem für offizielle Sitzungen und teilweise für politische Veranstaltungen genutzt. Ich war auf meinen Krim-Reisen mehrmals zu Konferenzen oder Empfängen dort eingeladen.

Das bereits erwähnte Orgelhaus, welches bis 1920 als Elektrizitätswerk des Palastes diente, bildete unseren nächsten Programmpunkt. Nach kurzer Wartezeit erhielten wir Einlass. Der Saal war wie eine Kirche mit Sitzbänken eingerichtet. Dem Eingang gegenüber, am anderen Ende auf einer Empore, war eine große Orgel installiert. Die Wände, Säulen und Decken waren fein verziert und bemalt. Wir erlebten dort ein außergewöhnliches, einstündiges Orgelkonzert, bevor wir zurück zum Hotel gefahren wurden.

Am Nachmittag hatte Juri Gempel eine Pressekonferenz in unserem Hotel einberufen. Unter anderem hatte er durch unsere Freude mitbekommen, dass die Organisation ICAN (International Campaign to Abolish Nuclear Weapons = Internationale Kampagne zur Abschaffung von Atomwaffen) an diesem Tag den Friedensnobelpreis bekommen hatte. Unser Delegationsmitglied Prof. Mons Lie als ehemaliger Vorsitzender der Organisation «Ärzte gegen Atomwaffen», welche auch Mitglied bei ICAN ist, war daher auf gewisse Weise involviert. Die zur Pressekonferenz eingeladenen Journalisten waren daran natürlich interessiert und wollten unter anderem auch wissen, wie wir unsere ersten Tage auf der Krim verbracht haben und welche Eindrücke wir gesammelt hatten. Selbstverständlich kam auch die politische Frage auf, wie wir mit den Reaktionen umgehen würden,

die wir von der norwegischen Presse und vom norwegischen Außenministerium vor unserer Abreise erhalten hatten und ob wir negative Konsequenzen aufgrund unserer Reise erwarten würden. Zudem waren sie daran interessiert, welche Pläne wir für die kommenden Tage hätten.
Zusammen mit Juri Gempel und Mons Lie erklärten wir den Journalisten, dass wir keine Angst vor Repressalien in Norwegen hätten und dass wir uns das Recht nehmen würden, die Situation auf der Krim mit eigenen Augen zu sehen und zu bewerten.
Meine Entscheidung, die Krim als legitimen Teil der Russischen Föderation anzuerkennen, hatte sich bereits bei den vorangegangenen Reisen und durch viele Gespräche und entsprechende Literatur gefestigt. *«Das Ziel unserer Organisation «Volksdiplomatie Norwegen» ist es, die Informationen, die wir hier erhalten und das was wir hier erleben, an unsere Landsleute weiterzugeben.»*

Am 08. Oktober besuchten wir von unserem Hotel in Yalta aus den botanischen Garten, der ein Stück nordöstlich der Stadt liegt. Das riesige Gelände von rund 1 200 Hektar mit vielen kleinen Wasserläufen, Teichen, Wegen und Sitzplätzen bietet einen Lebensraum für über 50.000 verschiedene Pflanzenarten und eine immense Rosensammlung mit über 2 000 Arten. Besonders bekannt sind die seltenen Zedern und ein tausendjähriger Pistazienbaum. Der Garten ist ein schönes Ausflugsziel und hat sich etwas vollkommen Natürliches bewahrt. Er wirkt nicht so künstlich «aufgeräumt». An einem schön angelegten Teich kamen wir ins Gespräch mit einer Gruppe von fast 50 Musiklehrern aus Russland, die gerade die Krim besuchte. Mein Freund, der Politiker Andreas Maurer aus Deutschland, der uns an diesem Tag begleitete, schlug vor, die Gelegenheit zu nutzen um ein Lied zu singen. Die Lehrer hielten dies für eine gute Idee und stimmten ein bekanntes russisches Volkslied an. Die Stimmung verwandelte sich in eine Art Volksfest, sodass auch andere Besucher des Gartens stehenblieben, mit sangen oder ihre Handys herausholten, um die Szene zu filmen. Nachdem das Lied ausgeklungen war, wurden Fotos gemacht und wir verabschiedeten uns voneinander.

Auf unseren Reisen haben wir diese offene, gastfreundliche und lebensfrohe Art der Russen vielfach kennengelernt – sie ließ einen kleinen Einblick in die russische Seele zu.

Am selben Tag besuchten wir auch das Haus des berühmten Schriftstellers Anton Tschechow, der am 29. Januar 1860 in Taganrog, nahe der Stadt Rostov am Don, geboren wurde. Der Garten des Hauses, den er selbst angepflanzt hatte, blieb durch sorgfältige Pflege nach wie vor fast unverändert. Inmitten der in Sommerzeiten hektischen Stadt Yalta kann hier ein Ort der Ruhe und Erholung gefunden werden. Der dichte Bewuchs des Gartens spendet ein kühles Klima, selbst wenn im Sommer an der Südküste subtropische Temperaturen herrschen.
Unzählige Blumen, Pflanzen und Baumarten wachsen dort seit mittlerweile über 100 Jahren.
Das Haus selbst beinhaltet fast alle originalen Gegenstände des Schriftstellers wie Möbel, Bilder, Kleidung und sogar das Porzellan. Im Arbeitszim-

mer neben seinem Schreibtisch hängt das Telefon, mit welchem er mit seinem Freund, dem bekannten Schriftsteller Maxim Gorky, telefoniert hat.
Für geschichtlich und kulturell Interessierte bietet das Haus von Anton Tschechow eine schön restaurierte und sehenswerte Attraktion mitten in Yalta.

Da wir uns bereits im Stadtzentrum aufhielten, besuchten wir auch die Alexander-Newski-Kirche etwas oberhalb des Stadtzentrums. Die im Gedenken an den ermordeten Zaren Alexander II. in typisch russischem Stil gebaute Kirche wurde 1902 fertiggestellt.
Als wir ankamen, wurde gerade ein orthodoxer Gottesdienst gefeiert. Die komplizierten Rituale waren für uns teilweise unverständlich, doch der Gesang der Priester verbreitete eine andächtige Stimmung. Zu diesem Gottesdienst waren Menschen jeden Alters gekommen, Kinder mit ihren Eltern, Jugendliche und alte Leute. Als einige von uns etwas zu lange den Eingang blockierten, schob sich eine alte Frau mit gebogenem Rücken gewaltsam zwischen ihnen durch, fuhr die dort Stehenden an, bekreuzigte sich und ging weiter in die Kirche.
Ich musste unweigerlich an eine andere Episode denken, die ich letztes Jahr in der Nikolaj-Kirche in Jewpatorija erlebt hatte. Eine Mutter war mit ihrem Sohn und ihrer Tochter gekommen, um Kerzen bei verschiedenen Heiligen anzuzünden. Die Kinder waren beide zwischen vier und sechs Jahren alt und dem Anlass nach entsprechend hübsch gekleidet. Mutter und Tochter hatten ihre Haare mit einem Tuch im traditionellen russischen Muster bedeckt. Als die drei auf dem Weg waren, die Kir-

che zu verlassen, sprang der Junge, der nun seiner Meinung nach lange genug still gewesen war, voraus in Richtung Ausgang. Bevor er die Ausgangstür erreichen konnte, war die Mutter bereits da, packte ihn am Arm, drehte ihn um und gab ihm im gleichen Moment eine Ohrfeige. Er hatte vergessen, sich umzudrehen und zu bekreuzigen, bevor er die Kirche verlassen wollte. Da verstand die Mutter keinen Spaß.
In Russland habe ich oft erlebt, dass die Religion ein ganz normaler Teil des Alltags ist. Im Westen haben wir manchmal eine Entweder-oder-Haltung unserem Glauben gegenüber, während in Russland der kurze Besuch einer Kirche einer ganz normalen Tätigkeit gleicht.

Am 09. Oktober unternahmen wir von Yalta aus eine Tagesreise nach Sewastopol. Diese ist mit rund 400.000 Einwohnern die größte Stadt der Krim. Auf dem Weg in die Stadt hielten wir bei dem bekannten Kriegsdenkmal «Sapun Berg» an. Hier hatte im Zweiten Weltkrieg (1944) eine der Hauptschlachten auf der Krim und um Sewastopol stattgefunden. Unzählige deutsche und sowjetische Soldaten verloren dabei ihr Leben. Oben auf dem Hügel ist neben der Ausstellung von restaurierten Panzern und anderen Militärfahrzeugen auch eine Gedenkstätte eingerichtet. Inmitten eines Platzes mit den in Steinplatten eingravierten Namen der verschiedenen Truppenteile, die hier gekämpft hatten, steht ein 28 Meter hoher Obelisk. Davor brennt eine «ewige» Flamme im Gedenken an die Toten. Unsere Delegation legte einen Kranz und Blumen nieder, und ich hielt eine kurze Gedenkrede.

Sapun Gedenkstätte (Foto: M.R.)

Im Leben der allermeisten Russen spielen diese besonderen Orte eine viel größere Rolle als in unserer westlichen Kultur und Geschichte.
Zu diesen Gedenkorten kommen Menschen jeden Alters in verschiedenen Lebenssituationen. Junge Paare, die gerade geheiratet haben, machen hier einen Zwischenstopp und legen im Gedenken an

ihre Vorfahren Blumen nieder. Alte Menschen gedenken hier ihrer gefallenen Familienangehörigen, und die Symbolik, die der Besuch einer ausländischen Reisegruppe bei den Einheimischen auslöst, können wir uns nur schwer vorstellen.

Auf unseren Reisen haben wir viele solcher Orte auf der Krim und in anderen Teilen Russlands besucht. Erst wenn man erlebt hat, wie die Geschichte des großen Vaterländischen Krieges in den Köpfen der meisten Russen weiterlebt, kann man nachvollziehen, mit welcher Skepsis die Russen die Osterweiterung der NATO beobachten.

Unser nächster Halt bildeten die Ausgrabungsstätten der antiken Stadt Chersones, die von den Griechen bereits im 6. Jahrhundert vor Christus erbaut wurde. Die Direktorin führte uns zusammen mit unserer Dolmetscherin durch die Anlage. Chersones ist noch immer eine aktive Ausgrabungsstätte, in welcher immer wieder neue Gegenstände und Gebäude gefunden werden. Anders als in den meisten anderen öffentlichen archäologischen Fundstätten ist es hier möglich, die teilweise auf noch Paletten stehenden Gegenstände zu betrachten. Die Mitarbeiter des neu errichteten Museumsgebäudes kommen mit der Arbeit kaum nach, die Gegenstände zu säubern, zu katalogisieren und für die Ausstellungsräume zu präparieren. Nicht nur für geschichtlich Interessierte ist dieser direkt am Schwarzen Meer gelegene Platz ein schönes Ausflugsziel.

Die Stadt Sewastopol mit ihrer historischen Vergangenheit und der stolzen Schwarzmeerflotte stellte den nächsten Programmpunkt an diesem

Tag dar. Am 01. Mai 1945, noch während des Zweiten Weltkrieges zu einer der Heldenstädte ernannt, stehen heute in Sewastopol fast 2.000 Denkmäler, die an die verschiedensten Schlachten und Kriege erinnern. Wo immer man sich auch in Sewastopol befindet, können prächtige Nachkriegsbauten und Denkmäler bewundert werden. Die russische und die rote Flagge der Stadt mit dem Stadtwappen wehen an vielen Masten und Gebäuden. Man hat den Eindruck, die Geschichte direkt zu erleben.

Noch vor 1996 für Ausländer gesperrt, ist es heute möglich, nicht nur durch die Stadt, sondern auch mit dem Boot durch die Buchten zu fahren und die Kriegsschiffe der Schwarzmeerflotte zu fotografieren. Einer der größten Wirtschaftszweige nach der Kriegsmarine ist die Industrie mit ihren Schiffswerften und daneben auch die Fischerei. Heute besuchen jährlich rund eine halbe Million Touristen die Stadt.
Nach einer Bootsfahrt durch die verschiedenen Buchten des Hafens, entlang der Kriegsschiffe und U-Boote, spazierten wir über die Strandpromenade, wo Eltern mit ihren Kindern spielten, Rentner auf Parkbänken saßen und ein Musikant auf seinem Akkordeon russische Lieder spielte.
Nach dem Abendessen in einem traditionellen ukrainischen Restaurant quartierten wir uns in einem neuen Hotel in Simferopol ein, welches etwas außerhalb des Stadtzentrums gelegen war.

Der nächste Morgen war der Minderheit der Krimtataren gewidmet. Mit unserem Bus fuhren wir nach Bachtschissaraj, dem kulturellen und religiösen Zentrum des damaligen Krimkhantes. Die

Ortschaft unterscheidet sich etwas von anderen Städten der Krim. Zwischen den Dächern der umliegenden Siedlungen stechen immer wieder die Türme von kleinen und größeren Moscheen heraus.

Nach dem Besuch des historischen Palastes des Khan mit dem bekannten Tränenbrunnen, den schon Pushkin in seinen Gedichten erwähnt hatte, wanderten wir durch die Stadt hinauf zu einem Höhlenkloster, das in den Fels gemeißelt wurde. Wir fragten den Mönch, der uns die Anlage erklärte, wie gut das Zusammenleben mit der muslimischen Mehrheitsbevölkerung funktioniere. *«Es geht sehr gut, aber das war in früheren Zeiten nicht immer so (...)»*, antwortete er lächelnd. Die Mönche pflanzen in den umliegenden Gärten alles an, was sie für das tägliche Leben brauchen, und verkaufen auch selbstgemachten Tee, Honig und andere Produkte an die Menschen des Ortes und an Besucher.

Beim Mittagessen in einem krimtatarischen Restaurant wurden wir vom Besitzer und seiner Familie mit traditionellen Gerichten verwöhnt. Alkohol gab es dabei nicht zu trinken, aber verschiedene Säfte und natürlich frisch gekochten, sehr starken Kaffee.

Mit dem Bus fuhren wir zurück nach Simferopol, wo ein Treffen mit dem stellvertretenden Premierminister der Krim, Dr. Georgy Muradov, angesetzt war. Georgy Muradov fungiert auch als Berater des russischen Präsidenten Vladimir Putin in allen Angelegenheiten, die die Krim betreffen. Nach der

Passkontrolle bekamen wir Einlass ins Regierungsgebäude und mehrere Mitarbeiter führten uns in den Besprechungsraum, wo bereits Namensschilder auf beiden Seiten des langen ovalen Tisches aufgestellt waren. Nach kurzer Zeit betrat Dr. Muradov zusammen mit zwei Ministern und begleitet von seiner Sekretärin den Raum. Nach der Begrüßung setzten sie sich zusammen mit Juri Gempel an die andere Seite des Tisches. Die erste Frage, die Dr. Muradov uns scherzhaft stellte, war, wie viele Panzer und Soldaten wir bereits auf unserer Reise gesehen hätten.
Nach weiteren Fragen zu unseren Eindrücken und Erlebnissen gab er uns einen Überblick über das, was 2014 auf der Krim geschehen war. Er erklärte dabei nicht nur die politische und rechtliche Situation, in welcher sich die Regierung der Krim im Februar und März 2014 befunden hatte, sondern erzählte auch von seinen ganz persönlichen Erlebnissen. Dr. Muradov unterstützte die Initiative, die wir ergriffen hatten, und war ebenfalls der Meinung, dass das persönliche Erleben und Sehen der Situation auf der Krim eine wichtige Voraussetzung sei, um die vergangenen drei Jahre richtig einordnen zu können.

Nach unserem Gespräch, welches etwas mehr als eine Stunde dauerte, wurden die obligatorischen Fotos gemacht. Anschließend beantworteten wir gemeinsam die Fragen der Journalisten, die bereits vor dem Besprechungsraum warteten.
Ich habe Dr. Muradov seither viele Male auf der Krim und in Moskau getroffen und gesprochen. In meinen Augen ist er einer der wichtigsten und interessantesten Gesprächspartner in Fragen der Krim. Nicht nur, dass er lange Jahre als Top-Di-

plomat gearbeitet hat – auch seine einfühlsame und persönliche Art erwecken die Fakten, die er vorweisen kann, für jedermann zum Leben und werden dadurch nachvollziehbar. Eine weitere Eigenschaft, die ich persönlich an ihm schätze, ist, dass er nicht auf alle Fragen sofort eine Antwort bereithält. Mehrmals ist es vorgekommen, dass er mit Vorwürfen bezüglich der Verletzung von Menschenrechten auf der Krim konfrontiert wurde, auf die er antwortete:

«(...) ich kenne diese Vorwürfe, aber was sollen wir machen? Jeder hat die Möglichkeit zu kommen, und sich selbst ein Bild zu machen.»

Dr. Muradov und Hendrik Weber (Foto: Hendrik Weber)

Wir haben bereits mehreren norwegischen Politikern vorgeschlagen, sich auf neutralem Terrain in Moskau mit Dr. Muradov zu treffen.
Ein Gespräch bedeutet dabei nicht, dass die Meinung des anderen ohne zu Hinterfragen übernommen wird, aber es hilft, einmal die andere Seite zu hören. Ein Sprichwort sagt: «Wenn einer zum Richter geht, hat er immer Recht.» Leider haben bisher selbst die positiv gestimmten Politiker in Norwegen nicht den Mut gefunden, selber nach Moskau oder auf die Krim zu fahren. Aus mehreren anderen europäischen Ländern sind bereits Politiker und Parlamentsmitglieder zu Gesprächen auf die Krim gereist.

Weil aus unserer Delegation drei Personen im Gesundheitswesen gearbeitet haben, hatte Juri Gempel eine Besichtigung des Kinderkrankenhauses in Simferopol für den späteren Nachmittag geplant.
Der Direktor des Krankenhauses empfing unsere Delegation zusammen mit mehreren seiner Ärzte draußen vor dem Eingang. Bei unserem Rundgang durch das ältere Gebäude erklärte er uns, dass gerade die Renovierungsarbeiten begonnen hätten.
Unsere Ärzte stellten eine Vielzahl technischer und fachlicher Fragen und diskutierten mit dem Direktor über verschiedenste Krankheiten und Behandlungsmethoden. In der Station für Neugeborene zeigte uns die Klinikleitung stolz die neuen und hochmodernen Brutkästen, in denen die kleinen Patienten mit neuester Technik behandelt werden konnten. Allerdings existierten einige Zimmer, in denen Kinder lagen, welche aufgrund schwerster Krankheiten keine Hoffnung auf Genesung hatten.

Im Büro des Direktors diskutierten wir die Fragen der Finanzierung der Klinik und eventuelle Auswirkungen aufgrund der Sanktionen, die den Zugang zu Medikamenten oder Geräten erschweren.

Nach dem Besuch resümierten unsere Delegationsteilnehmer die Situation des Krankenhauses. Unsere beiden Ärzte konnten aus ihrer Erfahrung berichten, dass trotz der teilweise alten Einrichtung die hygienischen Zustände in russischen Krankenhäusern oft über dem liegen, was wir in Westeuropa gewohnt sind. Zudem sorgt ein guter Personalschlüssel für eine vorbildliche, persönliche Pflege und Betreuung der Patienten.

Am letzten Tag unserer Reise, nachdem wir im Hotel ein traditionelles russisches Frühstück zu uns genommen hatten, besuchten wir den Mufti der Krim. Mufti Emirali Haschij Ablaev ist das religiöse Oberhaupt der Muslime. Zusammen mit einigen seiner Mitarbeiter, darunter auch mehrere Frauen, diskutierten wir die Situation der Krimtataren und der Muslime allgemein. Mufti Ablaev erklärte uns auch die Zusammenhänge der verschiedenen Tataren mit der nun verbotenen Organisation Medschlis. Eines seiner Argumente war, dass sich alle Muslime zusätzlich zu den geltenden staatlichen Gesetzen auch an den Koran halten müssen, welcher Gewalt verbiete. Das Muftiat habe in den letzten Jahren versucht, alle Muslime der Krim im Glauben zu vereinen, unabhängig welcher politischen Richtung sie anhängen. Fast alle Muslime seien damit einverstanden gewesen. Die verschwindend kleine Minderheit, welche eine radikale Politik für wichtiger hielt als die Religion, sei leider nicht willig gewesen, sich anzupassen.

Nach diesem Besuch und den Einblicken in die Kultur und Religion der muslimischen Minderheit war ein Treffen mit dem Parlamentspräsidenten Vladimir Konstantinov geplant.

Als wir am Parlamentsgebäude ankamen, erklärte Juri Gempel uns im Innenhof, was in den Tagen im Februar 2014 vor dem Gebäude passiert war. Juri stand damals inmitten der Demonstranten im Hof und erzählte von seinen ganz persönlichen Eindrücken der Situation.

Parlamentsgebäude in Simferopol (Foto: Hendrik Weber)

Wir besichtigten auch das Denkmal, welches zu Ehren der «höflichen Menschen» direkt neben dem Gebäude aufgestellt worden war. Es besteht aus einem Soldaten im Kampfanzug und einem kleinen Mädchen, welches dem Soldaten gerade einen Blumenstrauß überreicht. Zwischen dem Soldaten

und dem Mädchen steht eine Katze, die zu den beiden hochblickt. Das Denkmal wurde anhand eines Fotos kreiert, welches 2014 in Simferopol gemacht wurde.
Im Gebäude warteten bereits mehrere von Konstantinovs Assistentinnen auf uns, die uns in den 7. Stock des Gebäudes begleiteten. Durch die langen Flure gelangten wir in einen Sitzungssaal. Namensschilder waren auch hier schon vorbereitet. Wir hatten noch einige Minuten Zeit, um unsere Plätze zu finden. Der Tisch bot auf beiden Seiten Platz für mindestens 15 Personen. An einem Ende des Raumes hing neben der russischen Flagge und der Flagge der Krim ein großes Relief der Krim an der Wand.
Die Presse und mehrere Fernsehteams waren bereits da und hatten ihre Kameras aufgestellt. Danach kamen die verschiedenen Minister der Krim in den Raum und setzten sich uns gegenüber an den Tisch. Ganz zum Schluss kam Parlamentspräsident Vladimir Konstantinov in den Raum und begrüßte jeden einzelnen von uns.
Als er seinen Platz in der Mitte uns gegenüber eingenommen hatte, eröffnete er die Sitzung mit einer förmlichen Begrüßung und präsentierte seine Minister. Nachdem ich die Teilnehmer unserer Delegation vorgestellt hatte, wollte auch er zunächst wissen, was wir in den vergangenen Tagen erlebt und welche Eindrücke wir gesammelt hatten.
Vladimir Konstantinov erklärte die Situation der Krim seit 2014 und erzählte von den Projekten, die bereits gestartet worden waren, um die Krim nach Jahren der Vernachlässigung unter der ukrainischen Regierung auf ein konkurrenzfähiges Niveau zu bringen. Die Brücke von Kertsch zum russischen Festland war bereits im Bau. 2018 wurde die

Brücke für den Autoverkehr freigegeben, und die Zugverbindung soll 2019 fertiggestellt werden. Auch der neue Flughafen, der das alte, viel zu klein gewordene Terminal ersetzen sollte, befand sich genau wie die neue Autobahn «Tavrida» im Bau. Beide Projekte sind bereits 2018 und 2019 fertiggestellt worden.
Konstantinov kam danach wieder auf die internationale Situation, die Sanktionen und die politische Lage zu sprechen. Er bekräftigte unsere Auffassung, dass es wichtig sei, den Menschen die Möglichkeit zu geben, sich selbst ein Bild von der Krim zu machen. Die Regierung der Krim unterstützt unsere Initiative der Volksdiplomatie voll und ganz.
In den nächsten Jahren solle das Projekt auch von staatlicher Seite aus weiter ausgebaut werden, um noch mehr Menschen die Krim zu zeigen.
Nach dem Austausch von Geschenken und dem Erstellen verschiedener Gruppenfotos wurde die Sitzung von Konstantinov geschlossen. Zusammen gaben wir der Presse, die vor dem Sitzungssaal wartete, eine Presseerklärung und fassten zusammen, worüber wir gesprochen hatten.

Juri Gempel hatte bereits im Vorfeld einen Raum im Parlamentsgebäude reserviert, in welchem ein Tisch für uns gedeckt war. Von Mangel und Sanktionen gegen die Krim war hier keine Spur. Die allermeisten Gerichte bestanden aus regionaler Produktion. Der Tisch war reichhaltig gedeckt mit Schalen und Tellern mit allen erdenklichen Früchten und Kanapees. Zudem gab es ein Drei-Gänge-Menü. Mit Wein aus lokaler Produktion stießen wir auf eine gelungene Reise an.

Nach dem Essen war unser letzter Programmpunkt eine Pressekonferenz beim Fernsehsender Ria Novosti. Vom Parlamentsgebäude gingen wir an der Statue von Lenin vorbei zum Sendergebäude. Prof. Mons Lie, Juri Gempel und ich sollten während der Livesendung einen Überblick darüber geben, was wir in den vergangenen Tagen unternommen hatten und welche Eindrücke wir sammeln konnten. Natürlich stellte die Moderatorin auch hier die Frage, ob wir zu Hause mit Schwierigkeiten wegen unserer Reise rechnen müssten und wie wir die Sanktionen gegen die Krim kommentieren würden, immerhin hatte der norwegische Aussenminister unsere Reise kommentiert. Danach erhielten die anwesenden Journalisten die Möglichkeit, Fragen zu stellen. Nach einer guten Stunde wurden wir wieder aus dem Fernsehstudio verabschiedet.

Zusammen mit Juri Gempel und seiner Frau Galina feierten wir den letzten Abend in einem Restaurant, bevor wir am anderen Morgen zum Flughafen gebracht und verabschiedet wurden.

Natürlich werden die Kritiker jetzt sagen, dass wir die Krim gar nicht richtig gesehen und erlebt haben, weil wir uns in der «Obhut» der Regierung auf der Halbinsel befanden. Das ist teilweise auch richtig. Wir haben natürlich nur einen kleinen Teil der Krim gesehen und bekamen vielleicht auch teilweise eine bevorzugte Behandlung. Trotzdem haben wir aus eigener Initiative, aus Interesse und auf eigene Kosten diese Reise durchgeführt, um uns selbst, soweit möglich, ein Bild der aktuellen Situation zu machen.

Wir haben weder Panzer noch Soldaten gesehen. Es wurden auch keine Bereiche für uns abgesperrt oder extra präpariert. Wir sind wie normale Touristen durch die Fußgängerzone von Simferopol und über die Strandpromenade von Yalta spaziert, haben die Schaufenster betrachtet, den Müttern mit ihren Kindern zugesehen und ältere Ehepaare beobachtet, die auf der Bank gesessen haben und wiederum uns beobachteten.

Wir hatten leider keine Möglichkeit, die Strompreise und die Kosten für Lebensmittel ins Verhältnis zum Einkommen auf der Krim zu setzen. Wir kennen auch viele der alltäglichen Probleme nicht, mit denen die Menschen vielleicht zu kämpfen haben. Sicher ist aber, dass wir keine Menschen gesehen haben, die so aussehen, als würden sie unter der Last einer Okkupation leben müssen. Es ist keine Pflicht, das Sankt-Georgs-Band oder die russische Fahne an seinem Taxi zu befestigen, aber bei der Mehrzahl war das der Fall. Es ist auch keine Pflicht, an oder auf seinem privaten Wohnhaus die russische Fahne wehen zu lassen. Auch ist es unwahrscheinlich, dass die Regierung vor unserem Ankommen dort geklingelt hat und die Bewohner dazu aufgefordert hat.
Auf dieser Reise hatten wir auch die Möglichkeit, mit ganz normalen Menschen zu sprechen, im Restaurant, bei einer Taxifahrt, im Flugzeug auf dem Weg zur Krim, in Geschäften, in denen wir eingekauft haben, im Café.

Seit 2016 habe ich nun mehr als 15 Mal die Krim besucht, sowohl alleine als auch mit verschiedenen Gruppen. Was ich auf all diesen Reisen erleben konnte, ist, dass die Menschen froh sind,

dass jemand aus dem Westen kommt, um sich die Situation mit eigenen Augen anzusehen.
Uns wurde von vielen Menschen, jungen und alten, dafür großer Respekt entgegengebracht.

Ist es wirklich so einfach zu behaupten, dass die Menschen dort unter der Diktatur der russischen Regierung gezwungen waren, beim Referendum ihr Kreuz an der richtigen Stelle zu machen? Wenn dem so ist, warum schlägt dann die internationale Gemeinschaft kein neues Referendum unter internationaler Beobachtung vor? Die Antwort dürfte einfach sein: Die Menschen würden die gleiche Entscheidung noch einmal treffen. Unsere westlichen Geheimdienste und Diplomaten wissen dies nur zu gut.

Zwei Zitate zum Abschluss dieses Kapitels:

«Die gefährlichste aller Weltanschauungen ist die Weltanschauung der Leute, welche die Welt nicht angeschaut haben.»

Alexander von Humboldt (1769 - 1859)

...und der amerikanische Schriftsteller Mark Twain (1835–1910) soll gesagt haben:

«Reisen ist tödlich für Vorurteile.»

Das kann in diesem Zusammenhang nur bestätigt werden.

DAS VÔLKERRECHT

Der angebliche Bruch des Völkerrechts durch Russland führte von Seiten der USA, Kanada, Australien, der EU und Norwegen zu starken Reaktionen. Sanktionen wurden eingeführt und eine große Anzahl von gemeinsamen Projekten auf Eis gelegt.
Gegner und Befürworter des Referendums auf der Krim streiten über die Auslegung des Völkerrechts im Zusammenhang mit der Abstimmung vom 16. März 2014. Russland sieht sich genötigt, sich gegenüber der westlichen Welt zu erklären.

Eine Gruppe von fünf hochrangigen russischen Rechtsexperten veröffentlichte 2017 einen analytischen Report, in dem unter anderem darlegen:
«(...) Laut den USA und EU-Ländern war das Referendum illegal und verfassungswidrig aufgrund der Anwesenheit der russischen Streitkräfte während der Abstimmung auf der Krim.
Zu dieser Zeit handelte Russland jedoch in vollem Einklang mit dem Völkerrecht, da seine Militärpräsenz auf der Krim (Schwarzmeerflotte) auf die Existenz bilateraler Verträge zurückzuführen war, und somit die rechtlichen Gründe für die Platzierung des russischen Militärkontingents auf dem Territorium der Ukraine (Abkommen zwischen der Ukraine und der Russischen Föderation über die Fragen des Aufenthalts der russischen Schwarzmeerflotte auf dem Territorium der Ukraine vom 21. Mai 1997 und die Vereinbarung über die Parameter für die

Aufteilung der Schwarzmeerflotte vom 28. Mai 1997 sowie die Vereinbarung über die Kostenverteilung im Zusammenhang mit der Teilung der Schwarzmeerflotte und dem Aufenthalt der russischen Schwarzmeerflotte auf dem Territorium der Ukraine vom 28. Mai 1997). Die russischen Streitkräfte konnten sich auf dem Territorium der Krim bewegen, wie es der internationale Vertrag zwischen Russland und der Ukraine vorsieht, der von der Werchowna Rada [ukrainisches Parlament] *ratifiziert wurde.*
Die Anwesenheit russischer Truppen auf der Krim und in der Stadt Sewastopol ist also auf das internationale Abkommen vom 28. Mai 1997 zurückzuführen. Die Soldaten der russischen Streitkräfte haben nicht an der Abstimmung teilgenommen und das Ergebnis nicht beeinflussen können. Die Aufrechterhaltung von Recht und Ordnung in den Wahllokalen wurde von Selbstverteidigungskräften und Ehrenamtlichen aus der Mitte der Gesellschaft der Krim übernommen.
Am 18. März 2014 betonte der russische Präsident in seiner Ansprache, dass Russland keine Truppen in die Krim einführte, sondern nur sein Militärkontingent verstärkte, wobei die maximale Anzahl der im internationalen Vertrag vorgesehenen Soldaten nicht überschritten wurde», heißt es in dem sechsseitigen Bericht, *«(...) solche Aktionen wurden ergriffen, um das Leben der Bürger der Russischen Föderation, unserer Landsleute und Mitarbeiter des Militärkontingents der russischen Streitkräfte auf dem Territorium der Ukraine gemäß dem internationalen Vertrag zu schützen.*

Die wichtigste Frage rund um die Krise in der Ukraine, die durch den verfassungsfeindlichen Staatsstreich infolge der militärischen Machtergreifung durch Extremisten hervorgerufen wurde, ist, ob die neue Macht in Kiew legal ist. Die neue Regierung beging ein Verbrechen und ihre Handlungen hatten keine rechtliche Bindung für die Russische Föderation.

In der Hinsicht scheint die Stellungnahme der Venedig-Kommission zum Krim-Referendum vom 21. März 2014 (Nr. 762/2014 CDL-AD -2014- 002) nicht überzeugend zu sein, wo es heißt: «(…) Es gibt zahlreiche Bestimmungen der ukrainischen Verfassung, die klar darauf hindeuten, dass die Trennung eines Teils des Territoriums des Landes nicht Gegenstand eines lokalen Referendums sein kann.»

Die Verfassungsnormen für die Funktionsweise der ukrainischen Regierung, die vor dem Staatsstreich funktionierten, wurden ruiniert und die außergewöhnlichen Umstände auf der Krim – Bedrohung für das Leben von Menschen, Entfesselung des Bürgerkriegs – wurden durch die legale Regierung der Krim legitimiert (…) Die Unabhängigkeitserklärung der Krim verstößt nicht gegen das Völkerrecht. Der internationale Gerichtshof der Vereinten Nationen hatte im Juli 2010 festgestellt, dass (…) eine einseitige Unabhängigkeitserklärung durch einen Teil des Staates nicht gegen völkerrechtliche Regeln verstößt. (...) Das allgemeine Völkerrecht enthält kein anwendbares Verbot einer Unabhängigkeitserklärung (…).»[65]

Soweit die Ausführungen der russischen Rechtsexperten.
Die Juristen beziehen sich in ihrem Aufsatz unter anderem auf die sogenannte Venedig-Kommission, die am 07. März 2014 durch den Generalsekretär des Europarates, Thorbjørn Jagland, den Auftrag der Klärung der Frage erhielt, ob das Referendum auf der Krim mit der ukrainischen Verfassung in Einklang gebracht werden kann.

Die Kommission kam bereits am 22. März 2014 zu dem Ergebnis, dass das Referendum gegen die ukrainische Verfassung verstößt.
Unter Punkt 22 heißt es: *«Unter mehreren Umständen erscheint es fraglich, ob das Referendum vom 16. März 2014 unter Einhaltung internationaler Standards stattfinden könnte.»*[66] Als Erstes führt die Kommission an, dass in der Ukraine zu dieser Zeit kein Gesetz bestand, welches eine lokale Volksabstimmung regelte. Es sei daher unklar, nach welchen Regeln das Referendum durchgeführt wurde.
Hier kann angemerkt werden, dass die Ukraine zur Zeit des Referendums auf der Krim keine legitime Regierung besaß. Der gewählte Präsident war entgegen der ukrainischen Verfassung aus dem Amt geputscht worden und hierbei stellt sich die Frage, inwieweit überhaupt noch Recht und Gesetz in Kiew bzw. in der Ukraine herrschten.

Das zweite Argument der Kommission bezieht sich auf die Anwesenheit von *«(Para-)militärischen Kräften».* Sie räumt aber gleichzeitig ein, dass die Kommission zu dieser Zeit keine umfassende Bewertung der aktuellen Situation auf der Krim hatte.

In Punkt 3 wird außerdem festgestellt, dass die OSZE *«Bedenken hinsichtlich der Meinungsfreiheit auf der Krim äußerte.»* Laut Internetseite der OSZE begann die Beobachtermission in der Ukraine allerdings erst am 21. März 2014, also nur einen Tag vor der Veröffentlichung des Berichts der Venedig-Kommission. Nach wie vor hat die OSZE keine Beobachter auf der Krim. Es muss daher davon ausgegangen werden, dass die Informationen, auf die sich die OSZE bezieht, aus Kiew stammen. Wie neutral und unabhängig diese Informationen waren und sind, ist daher höchst fraglich.
Hinzu kommt, dass die Regierung der Krim die OSZE als Beobachter des Referendums ausdrücklich eingeladen hat. Diese Einladung wurde von der OSZE jedoch abgelehnt.[67]

Der vierte Punkt bezieht sich auf den kurzen Zeitraum von gerade einmal zehn Tagen von der Bekanntgabe bis zum Tag des Referendums. Wie bereits im vorangegangenen Kapitel von Vladimir Konstantinov selbst beschrieben, wurde der erste Termin für das Referendum von der Regierung der Krim auf den 25. Mai 2014 festgelegt. Jedoch musste es aufgrund des erheblichen Drucks der Bevölkerung der Krim vorgezogen werden.
Als fünften Grund für die angeblich ungeklärten Fragen wirft die Kommission auf, dass das Parlament in Simferopol am 11. März 2014 in einer Erklärung die Unabhängigkeit der Krim verabschiedet habe. Dieses würde Zweifel an den rechtlichen Auswirkungen des Referendums aufwerfen.
Davon kann allerdings keine Rede sein, denn auch zu diesem Punkt hat Vladimir Konstantinov in seinem Buch bereits die Antwort gegeben. Die Regierung der Krim wollte zunächst den Status als

autonome Republik innerhalb der Ukraine mit erweiterten Befugnissen behalten. Doch auch dies wurde von den Bewohnern der Krim entschieden abgelehnt. Sie wollten die Selbstständigkeit bzw. den Zusammenschluss mit der Russischen Föderation. Konstantinov beschreibt, wieviel Glück sie im Nachhinein gesehen dabei hatten, dass das Regime in Kiew dem Vorschlag einer erweiterten Autonomie der Krim nicht zugestimmt hatte.
Konstantinov schreibt: *«Wir wären damit in eine Falle getappt.»*[68]

In Punkt 26 und der damit verbundenen Konklusion des Berichtes der Venedig-Kommission wird auf Folgendes verwiesen: Im *«(...) März 2014 kann die Venedig-Kommission nur feststellen, dass vor der Einberufung des Referendums keine Verhandlungen über eine einvernehmliche Lösung stattgefunden haben. Aufgrund der multiethnischen Zusammensetzung der Bevölkerung der Krim (Russisch, Ukrainer, Tataren und andere) wären solche Verhandlungen besonders wichtig gewesen.»*[69]

Die Kommission bezieht sich hierbei ausschließlich auf Verhandlungen unter bzw. mit der Bevölkerung der Krim. Dass diese Verhandlungen in diesem Fall unnötig waren, beweist allerdings die hohe Wahlbeteiligung und das überwältigende einstimmige Wahlresultat. Hätte die ethnische Minderheit der Krimtataren mit mehr als 220.000 Menschen kollektiv die Wiedervereinigung mit Russland abgelehnt, hätte das Referendum nicht mit über 90 Prozent Zustimmung ausfallen können.

Nach Meinung der meisten europäischen Regierungen ist die Krim von Russland okkupiert und annektiert und somit das Völkerrecht gebrochen worden. Dieser Ansicht sind auch die meisten europäischen Medienhäuser. Abweichende Meinungen werden nur in sehr begrenztem Umfang zugelassen. Daraus könnte der Schluss gezogen werden, dass eine große Einigkeit in der Verurteilung der russischen Handlungen besteht und Russland sich durch scheinheilige Argumente zu rechtfertigen versucht. Dem ist allerdings nicht so.

Bereits im Frühjahr 2014 erschien ein langer Artikel des Rechtsphilosophen Prof. Dr. Reinhard Merkel in der Frankfurter Allgemeinen Zeitung, der sich mit der völkerrechtlichen Frage der vermeintlichen Annexion der Krim auseinandersetzte. In diesem Artikel schreibt Merkel unter anderem:
«Hat Russland die Krim annektiert? Nein. Waren das Referendum auf der Krim und deren Abspaltung von der Ukraine völkerrechtswidrig? Nein. Waren sie also rechtens? Nein, sie verstießen gegen die ukrainische Verfassung, aber das ist keine Frage des Völkerrechts. Hätte Russland wegen dieser Verfassungswidrigkeit den Beitritt der Krim nicht ablehnen müssen? Nein, die ukrainische Verfassung bindet Russland nicht. War dessen Handeln also völkerrechtsgemäß? Nein, jedenfalls seine militärische Präsenz auf der Krim außerhalb seiner Pachtgebiete dort war völkerrechtswidrig. Folgt daraus nicht, dass die von dieser Militärpräsenz erst möglich gemachte Abspaltung der Krim null und nichtig war und somit deren nachfolgender Beitritt zu Russland doch nichts anderes als

eine maskierte Annexion? Nein. (...)»[70]

Dieser Artikel kann wohl als einer der wenigen «Ausrutscher» der etablierten Medien bezeichnet werden, denn er zeigt sehr detailliert und fundiert auf, dass die Wiedervereinigung der Krim mit Russland keine Annexion war.
Prof. Dr. Merkel geht in seinem Artikel detailliert darauf ein, was eine Annexion ist und welche rechtlichen Konsequenzen daraus entstehen können. Er geht davon aus, dass die westlichen Regierungen in ihrem Vergleich mit Saddam Husseins militärischem Überfall auf Kuwait 1991 falsch liegen.
Da eine Annexion - bewaffneter Angriff - laut Artikel 51 der UN-Charta den Angegriffenen zur Notwehr berechtigt, aber auch dritte Staaten zur Nothilfe ermächtigt, also die Erlaubnis zum Krieg ohne Billigung des Weltsicherheitsrates, sollten wir laut Merkel mit dem Begriff der Annexion sehr vorsichtig umgehen.
«Schon diese Überlegung sollte den freihändigen Umgang mit dem Prädikat «Annexion» ein wenig disziplinieren.»[70]
Merkel erläutert, dass die Ereignisse auf der Krim eine Sezession, die Erklärung der staatlichen Unabhängigkeit, untermauert durch ein Referendum waren. Danach folgte der Antrag auf Beitritt der Krim zur Russischen Föderation, dem Russland zustimmte.
Die Reihenfolge: Sezession, Referendum und Beitritt, schliessen infolge Merkel eine Annexion aus, selbst wenn alle drei Schritte völkerrechtswidrig gewesen sein sollten.

«Der Unterschied zur Annexion, den sie markieren, ist ungefähr der zwischen Wegnehmen und Annehmen. Auch wenn ein Geber, hier die De-facto-Regierung der Krim, rechtswidrig handelt, macht er den Annehmenden nicht zum Wegnehmer. (...)» [70]

In seinem Artikel führt Reinhard Merkel weiter aus, dass ein Referendum und die Erklärung der staatlichen Unabhängigkeit eines Teiles einer Bevölkerung, diesen nicht automatisch zum Völkerrechtssubjekt macht. Selbst die Sezessionserklärung ist eine innerstaatliche Angelegenheit und berührt das Völkerrecht nicht. Dieses wurde auch vom Internationalen Gerichtshof im Bezug auf die Sezession des Kosovo entschieden.
Infolge Merkel, verbietet das Völkerrecht keine Sezession, es erlaubt sie aber auch nicht. Das Völkerrecht trifft dazu keinerlei Aussagen.
Westliche Medien und Regierungen, die die Aussage treffen, dass das Völkerrecht der Krim kein Recht auf Sezession gewährt, liegen vollkommen richtig. Allerdings ist der mitgelieferte Umkehrschluss, die Sezession ist demnach rechtswidrig, falsch.
«Die Logik eines solchen Entweder-oder gilt im Völkerrecht nicht. Es kennt Formen kollektiven Handelns, zu denen es sich neutral verhält. Die Sezession ist ein exemplarischer Fall. Ein allgemeines Verbot ginge ins Leere, da dessen mögliche Adressaten dem Völkerrecht nicht unterworfen sind.»[70]

Das Fazit seines Zeitungsartikels:

Eine Annexion kann nur dann als solche bezeichnet werden, wenn zu der Übernahme mit militärischer Macht hinzukommt, dass dies nicht nur gegen den Willen der Regierung (in diesem Fall Kiew), sondern gleichzeitig auch gegen den Willen der dort lebenden Bevölkerung stattfindet. Hiervon kann bei der Situation auf der Krim keine Rede sein. Die Bewohner der Krim haben sich mit großer Mehrheit und ohne Zwangsmaßnahmen für die Wiedervereinigung mit Russland entschieden.
Weder wurde militärische Gewalt angewendet, noch waren in den Wahllokalen Soldaten anwesend.
Da das Völkerrecht eine Sezession nicht behandelt, kann eine solche demnach auch nicht gegen das Völkerrecht verstoßen.

Prof. Merkel bemerkt in seinem Artikel, dass die militärische Präsenz Russlands ausserhalb der Pachtgebiete - Sevastopol - ein Punkt ist, in welchem Russland gegen das Völkerrecht verstossen habe. «(...) *jedenfalls seine militärische Präsenz auf der Krim außerhalb seiner Pachtgebiete war völkerrechtswidrig.(...)»*. In diesem Punkt muss Prof. Merkel widersprochen werden, denn am 27. Februar 2014 als die sogenannten «grünen Männchen» (Soldaten ohne Hoheitsabzeichen) in Simferopol auftauchten, war es höchst fraglich, ob die ukrainische Verfassung überhaupt noch Gültigkeit besass. Wie Vladimir Konstantinov in seinem Buch schreibt, hatte zu diesem Zeitpunkt die Ukraine von 1991 aufgrund des Staatsstreiches in Kiew bereits aufgehört zu existieren. Der gewählte Präsident Viktor Janukowitsch musste flüchten und wurde bereits am 22. Februar vom Parlament

ohne die notwendige Dreiviertel Mehrheit und unter fraglichen Bedingungen abgesetzt. Daraufhin übernahm eine illegale Putschregierung die Amtsgeschäfte.
Im Bericht der russischen Rechtsexperten heisst es zudem, dass die Militärpräsenz auf der Krim nicht gegen die Abmachungen zwischen der Ukraine und der Russischen Föderation verstossen haben.

Trotz dieses Kritikpunktes ist der Artikel von Prof. Merkel einer der besten und aufschlussreichsten, der von den etablierten Medien in diesem Zusammenhang gedruckt wurde.
Mir lag die Genehmigung des Autors vor, den Artikel in voller Länge zu benutzen. Allerdings wurde mir von der Frankfurter Allgemeinen Zeitung (FAZ) im letzten Moment untersagt, ihn noch einmal in diesem Buch abzudrucken. Ich kann daher nur auf die Originalquelle verweisen.
Der Grund für die Verweigerung wurde mir nicht mitgeteilt, deshalb lässt sich nur spekulieren, ob die Chefredaktion der FAZ diesen Artikel eventuell als eine Art «Ausrutscher» ansieht und ihn ungerne nochmal zitiert sehen will.

Laut Wikipedia finden sich zu den Ansichten Reinhard Merkels mehrere Gegenstimmen, zum Beispiel von der Direktorin des Max-Planck-Instituts, Anne Peters. Liest man ihren Artikel, erscheint er im Vergleich zu dem fundierten Artikel von Reinhard Merkel eher wie eine Wiederholung der offiziellen Darstellung.[71] Auch wenn sie zusammen mit den großen Medienhäusern mehrfach wiederholt, dass es sich angeblich erwiesenermaßen um eine Annexion und einen Bruch des Völkerrechts handelt, wird die Aussage deshalb nicht richtiger. Auch die Gegenposition des Völkerrechtlers Claus Kreß, der als ehemaliger Berater der Bundesregierung nicht als unabhängig bezeichnet werden kann, geht in seinem Interview in Spiegel Online vom 31.03.2014 nicht wie Merkel in die Details. *«Finden Sie übrigens nicht, dass die Antwort auf die «sorgfältig» ausgewählten Fragen des «Referendums» auf der Krim fast «verdächtig eindeutig» ausgefallen ist, wenn man bedenkt, dass es dort auch andere Volksgruppen gibt als diejenige der ethnischen Russen?»*,[72] fragt er auf die Aussage des Reporters hin, dass das Votum doch beinahe einstimmig gewesen sei.

Auch die «Bundeszentrale für politische Bildung» , die zum Bundesinnenministerium gehört, beteiligt sich an der unwahren und ungenauen Berichterstattung. Auf ihrer Internetseite präsentiert sie die «*Chronik: 10. bis 23. Februar 2014*» in welcher sie schreibt: «*22.02.2014 - Das Parlament erklärt mit 317 von 331 Stimmen Viktor Janukowytsch für abgesetzt und setzt Neuwahlen für den 25. Mai 2014 an. (...).*»
Hierbei unterschlägt die Bundeszentrale für politische Bildung, dass 317 Stimmen nicht für eine Absetzung Janukowitschs ausreichten, da das Parlament aus insgesamt 450 Abgeordneten bestand. Indem die Bundeszentrale nur die Anzahl der anwesenden Abgeordneten mit 331 nennt, erweckt sie absichtlich oder versehentlich den Eindruck, dass eine grosse Mehrzahl im Parlament für die Absetzung des Präsidenten gestimmt habe.

In der ukrainischen Verfassung heisst es jedoch in Artikel 111:
«Der Beschluß über die Amtsenthebung des Präsidenten der Ukraine im Amtsenthebungsverfahren wird vom Parlament der Ukraine mit der Mehrheit von mindestens drei Vierteln der durch die Verfassung bestimmten Anzahl seiner Mitglieder nach der Prüfung der Sache durch das Verfassungsgericht der Ukraine und nach Erhalt seines Gutachtens bezüglich der Einhaltung des verfassungsmäßigen Verfahrens der Untersuchung und Behandlung des Amtsenthebungsverfahrens und des Gutachtens des Obersten Gerichts darüber, daß die Handlungen, deren der Präsident der Ukraine angeklagt wird, den Tatbestand des Hochverrats oder eines anderen Verbrechens erfüllen, gefällt.»

Weder die erforderliche Mehrheit bei der Abstimmung, noch die Vorgaben für ein Amtsenthebungsverfahren sind eingehalten worden.
Der gewählte Präsident der Ukraine und Teile seiner Regierung sind demnach in einem Putsch entmachtet worden.

Auch Prof. Dr. Schachtschneider gehört zu denen, die die offizielle Version einer Annexion infrage stellen. Er schrieb dazu in einem Aufsatz von 2014:
«Nicht einmal ein Verfassungsgesetz wie das der Ukraine, das einen Einheitsstaat verfasst und eine Sezession nicht ordnet oder auch nur vorsieht, vermag eine Sezession eines Teiles des Volkes zu untersagen. Die Staatsgründung ist ein Akt der Freiheit und damit der Souveränität der Menschen,

die zusammenleben. Nicht Staaten sind souverän, sondern Menschen. Staaten dienen der Verwirklichung der Freiheit, nach innen und nach außen. Es gibt keine ewigen Staaten und es gibt kein Recht von Staaten und erst recht nicht von Staatsorganen, ihre Existenz gegen die Menschen und Bürger, gegen das Recht, zu behaupten, gar mit Waffengewalt. Vielmehr gibt es eine Pflicht der Menschen, im Recht miteinander zu leben und die Rechtlichkeit durch eine Organisation, einen Staat, zu sichern, das natürliche Recht auf eine bürgerliche Verfassung, die Freiheit und Eigentum sichert. Auch der Freistaat Bayern ist befugt, sich von der Bundesrepublik Deutschland zu trennen, jedenfalls in existentieller Lage, und entweder als Einzelstaat zu leben oder sich etwa mit der Eidgenossenschaft und auch Österreich zu einem Bundesstaat zu verbinden. (…) Es versteht sich, dass ein derart weitreichender Vorgang zu Spannungen und Zerwürfnissen führt, zumal wenn er mit existentiellen großpolitischen, etwa geopolitischen, Interessen auch dritter Staaten verbunden ist.
Die Krim hatte und hat als autonome Republik, vornehmlich von ethnischen Russen bewohnt, Jahrhunderte lang russisch, jedes Recht, einen eigenen Weg zu gehen und sich von der Ukraine zu separieren. (…) Das Referendum ist das richtige Verfahren, um den Status der Krim zu bestimmen. Es muss eine freie Willensbildung der Bürger der Krim gewährleistet sein. Daran besteht bisher kein Zweifel. Von der Beobachtung der OSZE, so befriedend sie wäre, hängt die Rechtmäßigkeit des Referendums keinesfalls ab.»[73]

Nicht nur in Deutschland, sondern auch in Norwegen gibt es Rechtswissenschafter wie Prof. Peter Ørebech von der Arktischen Universität in Tromsø und den früheren Staatsanwalt des Obersten Gerichtshofes Gunnar Nerdrum, die der offiziellen Auslegung widersprechen. Bei der von unserer Organisation Volksdiplomatie Norwegen [www.-folkediplomati.com] organisierten Konferenz im März 2019 in Oslo mit dem Titel «Wer hat das Recht auf die Krim»[74] hat Professor Ørebech detailliert dargelegt, warum es sich beim Anschluss der Krim an Russland nicht um eine Annexion handelt.[75]
Beide Juristen führen die Aussage des Internationalen Gerichtshofes in Den Haag an, der in seinem Urteil vom 22. Juli 2010 feststellte, dass die einseitige Abtrennung der Provinz Kosovo – auch ohne Volksabstimmung – rechtmäßig gewesen sei. Der Westen habe somit einen Präzedenzfall geschaffen, auf den sich Präsident Putin nun berufen kann.

Wer die rechtlichen Fragen einmal beiseite lässt und sich die Argumente der Bewohner der Krim und des Donbass vor Augen führt, wird folgendes Bild erhalten:

Während der Demonstrationen auf dem Maidan Ende 2013, die in gewalttätige Proteste mit vielen Toten und Verletzten umschlugen, wurde der gewählte Präsident der Ukraine, Viktor Janukowitsch, gestürzt. Er musste später flüchten und wurde vom Parlament unrechtmäßig unter Mithilfe offenkundig rechtsradikaler Kräfte abgesetzt. Die notwendigen parlamentarischen Verfahren zur Absetzung des Präsidenten wurden dabei nicht eingehalten. Der Staat und die Rechtsordnung hatten praktisch aufgehört, zu existieren. Die Aussagen der neuen Übergangsregierung und von Teilen der Demonstranten deuteten darauf hin, dass die russische Bevölkerung der Ukraine Schlimmes zu befürchten hatte. Sie machten keinen Hehl daraus, dass die russische Bevölkerung im Osten der Ukraine und auf der Krim «*aufgehängt*» werden solle. Die sich zum grössten Teil russisch fühlende Bevölkerung der Krim hatte Angst, was passieren würde wenn die Aufständischen auf die Krim kommen würden. Der Rechte Sektor hatte bereits mehrere Male angekündigt, sogenannte «*Züge der Freundschaft*» mit Schlägertrupps nach Simferopol zu schicken.

Zur besseren Einschätzung der Ängste der russischsprachigen Bewohner der Krim und des Ostens der Ukraine ist interessant, auch einen Blick auf die «rechtsradikalen» Kräfte zu werfen.
Es wird oft behauptet, dass es sich bei den Aufständischen nicht um Rechtsradikale und Faschisten handelt, und dass die russischen Medien in ihren Berichten maßlos übertreiben.
Hierbei wird versucht, die Ängste der russischsprachigen Bewohner der Ukraine bzw. der Krim zu relativieren und als haltlose Übertreibungen darzustellen. Ich gehe davon aus, dass die russischen Medien die Rechtsradikalen auf dem Maidan gerne und sehr aktiv in ihrer Berichterstattung zur Beeinflussung der Stimmung gegen die neuen illegalen Machthaber genutzt haben.
Allerdings gibt es folgende Fakten, die die Aussagen und die Gefühle der Krim-Bevölkerung untermauern:

Der Parteivorsitzende der Partei Swoboda, die nun an der Regierung beteiligt war, Oleg Tjahnybok, hatte sich bereits früher durch Hetzreden hervorgetan. 2004 hatte er im ukrainischen Parlament behauptet, dass die Ukraine von einer *«jüdisch-russischen Mafia»* beherrscht werde und forderte die *«Befreiung der Ukraine»*. Im Oktober 2012 hatte er wörtlich gesagt: *«Schnappt euch die Gewehre, bekämpft die Russensäue, die Deutschen, die Judenschweine und andere Unarten.»*[76]

Auf eine Anfrage mehrerer Bundestagsabgeordneter der Partei «Die Linke», bezüglich der Erkenntnisse der deutschen Bundesregierung, antwortete diese am 22.08.2013: *«Die Partei Swoboda ist eine rechtspopulistische und nationalistische Partei, die zum Teil rechtsextreme Positionen vertritt.»*[77]

Auf dem Maidan 2014 gab es also rechtsradikale und faschistische Kräfte, die nachher sogar führende Funktionen in der Übergangsregierung und im Staatsapparat innehatten. Der ehemalige EU-Kommissar Günter Verheugen spricht in seinem Interview mit der Deutschen Welle (DW) von einem Tabubruch: *«(...) zum ersten Mal in diesem Jahrhundert völkische Ideologen, richtige Faschisten in eine Regierung zu lassen (...).»*[78] Auch andere EU-Politiker bestätigen diese These. Wie das deutsche Nachrichtenmagazin «Der Freitag» berichtete, fand im April im Kiewer Zentrum für zeitgenössische Kunst eine Ausstellung mit dem Titel »Vorsicht vor den Russen« statt, in der russische Menschen in Käfigen präsentiert wurden. An den Käfigen hingen Schilder mit der Aufschrift «Bitte nicht füttern» oder «Vorsicht vor den Okkupanten».[79]

Träger dieser Aktion ist die »ukrainische Kulturfront« von Künstlern und Maidan-Aktivisten. Im gleichen Artikel kommt auch der Osteuropa-Historiker Alexander Rahr zu Wort, der außer der Partei Swoboda den «Rechten Sektor» als paramilitärische Organisation betrachtet: *«Der Rechte Sektor war aus meiner Sicht entscheidend für den Umsturz, weil er eine Organisation ist, die auch bereit war, in Kampfhandlungen mit den Polizisten, mit den Sicherheitskräften einzutreten. Sie waren gut organisiert, sie hatten auch immer wieder einen Plan, wie sie angriffen, wie sie sich verteidigten, sodass sie einen großen Anteil am «Erfolg» des Maidans gehabt haben.»*[80]
Sogar ein deutsches Mainstream-Medium wie die ARD (Fernsehsender) berichtet anfänglich noch auf seinen Internetseiten am 06. März 2014 von radikalen Kräften:
«(...) Doch von Anfang an spielen auch rechtsextreme Kräfte auf dem Maidan eine wichtige Rolle: Die ultranationalistische Partei Swoboda (Freiheit), die mit gut zehn Prozent der Stimmen in der Werchowna Rada, dem ukrainischen Parlament, sitzt, ist seit Beginn der Proteste ein wichtiger Akteur (...).»[81] In einem Filmbeitrag der ARD kommentiert der Reporter die Aussagen des CDU-Politikers Elmar Brok: *«Viele deutsche Politiker drücken trotzdem die Augen zu, und akzeptieren die Rechtsextremisten in der neuen Regierung. (...) das Motto, der Feind von Putin ist mein Freund. Da können lästige Fakten nur stören (...).»*[82]

Die große Mehrzahl der Medien versuchte allerdings, die Rechtsradikalen und Nationalisten auf

dem Maidan als russische Propaganda darzustellen und die Wichtigkeit dieser Parteien und Organisationen herunterzuspielen.
Auch die «Bundeszentrale für politische Bildung», die zum Bundesinnenministerium gehört und sich berufen fühlt, die vorderste Front im Kampf gegen Rechtsextremismus in Deutschland darzustellen, drückt beide Augen zu. Auf ihren Internetseiten wird in der «Ukraine Analyse Nr. 133» nur sehr schwache Kritik an den beiden Parteien «Swoboda» und «Rechter Sektor» laut. Infolge der Logik der Einrichtung sind rechtsradikale und faschistische Parteien und Vereinigungen immer gegen die EU und die NATO. Da Swoboda und der Rechte Sektor aber für den Maidan und somit die EU gekämpft haben, können sie nicht so gefährlich sein, wie sie dargestellt werden, so die bizarre Logik. Vielmehr wird der Vorwurf umgedreht und Russland beschuldigt:
«(...) Auch bildeten die Mitglieder des Rechten Sektors sowie andere ultranationalistische Aktivisten nur einen kleinen Teil der Selbstverteidigungskräfte des Euromaidan, also der Dutzenden sogenannten «Hundertschaften» der Protestbewegung, die gemeinsam gegen Janukowitschs Polizeikräfte physischen Widerstand leisteten. Dennoch wurden und werden die radikalen Rechten in der massiven internationalen Medienkampagne gegen Kiews neue Regierung häufig in den Vordergrund gerückt. Russlands Regierungsbeamte, führende Diplomaten, Pseudojournalisten und westliche Lobbyisten äußern sich fortwährend hyperbolisch zur Rolle der ukrainischen extremen Rechten bei den Protesten. Das offensichtliche Ziel der Übertrei-

bungen und Panikmache ist, die europäische Revolution in der Ukraine als ein – zumindest teilweise – «faschistisches» Unternehmen zu diskreditieren und damit die russische Annexion der Krim sowie die verdeckte Invasion im Donbass als «antifaschistische» Maßnahme zum Schutz angeblich bedrohter Russischsprecher zu rechtfertigen.»[83]

Angesichts der Tatsache, dass sich mehrere namhafte Journalisten, Politiker und sogar die deutsche Bundesregierung zu den nationalistischen Kräften und deren brutalen Gewalttaten ausgesprochen haben, erscheinen die beschwichtigenden Erklärungen der Bundeszentrale für politische Bildung sehr naiv. Die Frage stellt sich, wie berichtet worden wäre, wenn die nationalistischen Übergriffe in einem anderen Land bzw. gegen eine andere Zielgruppe stattgefunden hätten. Auch die Wortwahl der Bundeszentrale für politische Bildung ist bemerkenswert. In ihrem Artikel schreibt sie von *«radikalen Rechten...»* und *«extremen Rechten...».* Diese Worte wirken dabei bei weitem nicht so bedrohlich, wie die Worte «Rechtsextrem» oder «Rechtsradikal» geklungen hätten.

Die Bewohner des Donbass und der Krim haben natürlich auch eigene direkte Erfahrungen gesammelt.
Am 01. Januar 2014 wurde wie jedes Jahr zuvor der Naziaufmarsch zum Gedenken an Stepan Bandera[84] durchgeführt, diesmal allerdings mit viel mehr Teilnehmern als in den Jahren zuvor. Hinzu kamen die Bilder der gewalttätigen Proteste auf dem Maidan und die getöteten Berkut-Beamten,

deren Leichen zurück auf die Krim überführt wurden.
Am 02. Mai 2014 wurde das Gewerkschaftshaus in Odessa von Nationalisten in Brand gesteckt. Viele junge Menschen sind dabei bei lebendigem Leib verbrannt oder erstickt. Wer sich aus den Flammen retten konnte, wurde draußen teilweise von Schlägertrupps erschlagen.
Der Überfall auf die Busse mit Menschen, die von einer Anti-Maidan-Demonstration aus Kiew auf dem Weg zurück zur Krim waren, hat sich in das Gedächtnis der Menschen im Süden und Osten des Landes eingebrannt. Sechs Menschen wurden erschossen und noch immer werden mehr als 20 Personen vermisst.
Alle diese Fälle sind, auch fünf Jahre nach den Ereignissen, nicht vollständig aufgeklärt. Es sieht eher so aus, als ob ein echtes Interesse dafür fehlt.
Zudem bestand eine Amnestie für die gewalttätigen Demonstranten des Maidan während hingegen die Polizisten und Berkut-Spezialeinheiten, die auf Anweisung handelten, keine Straffreiheit bekamen. Einige von ihnen sitzen nach wie vor in Kiew im Gefängnis.

Die Tatsache, dass die EU die neue Übergangsregierung ohne Weiteres anerkannt und die Verhandlungen um das Assoziierungsabkommen umgehend wieder aufgenommen hat, erschütterte zutiefst das Vertrauen der Menschen im Süden und Osten des Landes in unsere Art von Demokratie.
Mehrere meiner Gesprächspartner auf der Krim erzählten mir von ihren persönlichen Erlebnissen vor den Tagen des Referendums und dem Bangen

am Tag danach, ob Russland die Krim überhaupt annehmen würde.
Ihren Schilderungen zufolge herrschten in diesen Tagen eine große Unsicherheit und teilweise Angst, wie sich die Lage weiterentwickeln würde. Niemand wusste, was geschehen würde. Würden die Neonazis, finanziert vom Westen und von ukrainischen Oligarchen, auch auf die Krim kommen? Welchen Weg würde die Regierung der Krim gehen und könnte sie sich überhaupt gegen Kiew wehren? Was passiert mit den Verwandten in der Westukraine? Wer diese Schilderungen nicht gehört und die Gesichtsausdrücke der Menschen beim Erzählen ihrer Geschichten nicht selber gesehen hat, kann die Erleichterung der Einwohner kaum nachvollziehen, die sich breit machte, als am 17. März 2014 der Präsident der Russischen Föderation die Aufnahme der Krim bestätigte.
Neben dem Gefühl, schon immer ein Teil Russlands gewesen zu sein, überwog die Erleichterung, dass diese chaotische Situation jetzt unter Kontrolle war. Die Menschen fühlten sich in Sicherheit.

Bei unseren Besuchen auf der Krim hatten wir mehrmals Gelegenheit mit der Senatorin von Sewastopol, Frau Olga Timofeeva zu sprechen, die uns ihre persönliche Geschichte erzählte. Einige unserer Fragen an die Senatorin sind im folgenden Interview zusammengefasst.

Senator Timofeeva. 2014 lebten und arbeiteten Sie in Sewastopol. Was war Ihre Aufgabe bzw. Ihr Beruf zu dieser Zeit?

Timofeeva: *«Im Jahr 2014 war ich Dozentin für Informationssysteme an der Nationalen Technischen Universität in Sewastopol. Ich absolvierte diese Universität und später arbeitete ich dort für 24 Jahre. Ich war auch der Leiter der NGO* [Nichtregierungsorganisation] *Human Rights Group «Ravelin». Diese wurde gegründet, um die Rechte der russischsprachigen Bevölkerung von Sewastopol zu schützen: das Recht auf Bildung in der Russischen Sprache, auf die Erhaltung der Russischen Geschichte und Kultur und das Gefühl der Zugehörigkeit zur Russischen Welt. In den vergangenen Jahren vor 2014 wurden diese Rechte in Sewastopol und auf der Krim schrittweise eingeschränkt. Zum Beispiel gab es 2011 nur noch sehr wenig Russisch-unterrichtende Schulen auf der Halbinsel. Die Tatsache, dass die Mehrheit der Bevölkerung hauptsächlich Russisch ist, wurde völlig ignoriert, besonders in Sewastopol. Die Regierung in Kiew empfand auch einige historische Ereignisse als unbedeutend, insbesondere die Ereignisse des großen Vaterländischen Krieges. Die Helden der jetzigen Regierung waren Mitglieder der ukrainischen Rebellenarmee – Kollaborateure von Nazi-Deutschland. Natürlich konnte meinen Kollegen und mir diese Interpretation der Geschichte und der Verletzung der Rechte der russischsprachigen Bevölkerung der Krim nicht gleichgültig bleiben.*
In der Zeit davor habe ich als Abgeordneter des Bezirksrates von Sewastopol im Stadtteil Lenin gearbeitet. In diesen Jahren lag mein Schwerpunkt in den Fragen der Sozialpolitik.»

Haben sie Familie und Kinder?

Timofeeva: *«Ich habe zwei Söhne. Sie sind bereits erwachsen und unabhängig. Ich kann sagen, ich wollte, dass sie sich dem russischen Volk zugehörig fühlen. Es ermutigte mich auch, öffentlich für die Russischen Bürger der Ukraine zu arbeiten.»*

Erinnern Sie sich, wann das Gefühl bei Ihnen aufkam, dass die Nationalisten des Maidan auch auf die Krim kommen könnten?

Timofeeva: *«Das erste Mal, dass ich Angst vor einer realen Bedrohung hatte, war im Dezember 2013, als die gewaltsamen Zusammenstöße auf dem Maidan begannen, in der die Opposition gegen die Regierung kämpfte. Einer meiner Kollegen sagte, dass Kiews Maidan für Sewastopol mit «Maidanek», – einem Konzentrationslager im Zweiten Weltkrieg – enden würde.*
Und als im Januar 2014 ukrainische TV-Sender und Internetseiten die Szene eines grausamen Mordes an einem Polizisten in Kiew zeigten, und ich die Kommentare dazu gelesen hatte, wurde mir klar, dass das eine echte Bedrohung für uns alle war.»

Sie haben natürlich die Entwicklungen auf dem Maidan miterlebt. Wie haben die Menschen in ihrem Umfeld reagiert? Gab es Menschen, die die Veränderung in Kiew begrüßt haben?

Timofeeva: *«Die Menschen um mich herum haben alle die Konsequenzen dieser Ereignisse gesehen und miterlebt. Seit Mitte Januar 2014 sahen wir den deutlichen Verlauf der Ereignisse und bereiteten unseren Widerstand vor. Unsere Vereinigung begann dagegen zu arbeiten, lange vor dem Staatsstreich und den Ereignissen auf dem Maidan bereits im September, Oktober 2013, als die ukrainischen Behörden einen Kurs zur europäischen Integration einschlagen. Uns wurde klar, dass wir eine Alternative brauchten. Dann kam uns eine Idee. Wir haben beschlossen, Unterschriften von bekannten Menschen unserer Stadt zu sammeln und einen Brief an alle Abgeordneten zu senden, die Sewastopol im ukrainischen Parlament in Kiew vertraten. Wir mussten versuchen, ihre politische Position herauszufinden, ob sie für das Assoziierungsabkommen mit der Europäischen Union oder für die Eurasische Zollunion waren? Auf diese Weise entstand der Brief "der neunundsechzig". Er wurde von 69 öffentlichen Personen aus Sewastopol unterzeichnet. Sie verstanden, wie verheerend der Prozess der europäischen Integration für die russische Stadt gewesen wäre, und aus unserer Sicht musste eine neue Entscheidung getroffen werden.»*

Erinnern Sie sich an die Tage direkt bevor das Referendum stattfand? Wie war die Stimmung der Menschen auf der Krim?

Timofeeva: *«Die Stimmung der Menschen auf der Krim direkt vor dem Referendum war ausgelassen, sogar festlich, weil wir wirklich auf diesen Tag gewartet hatten. Die Rückkehr von Sewastopol*

und der Krim in die Heimat, nach Russland, war die Krönung davon.
Die Massenproteste auf der Krim gegen den Putsch auf dem Maidan haben in Sewastopol am 23. Februar 2014 begonnen. Die öffentliche Kundgebung fand im Stadtzentrum statt, wo sich die Menschen einfach weigerten, die neue Regierung in Kiew anzuerkennen und Alexei Chalyi zum Bürgermeister wählten. 50.000 Menschen nahmen an dieser Demonstration teil. Die Wahl wurde getroffen, aber wir wussten nicht, wohin unsere Wahl uns führen wird. Wir wussten nicht, welche Maßnahmen die Ukraine ergreifen würde, wenn Russland die Entscheidung auf der Krim akzeptieren würde. Es war ein Risiko. Sie wissen vielleicht, dass es ein Sprichwort in Russland gibt: «Mit einem Schild oder auf einem Schild», was bedeutet «Gewinnen oder sterben». [С щитом или на щите]
Das waren aber auch sehr angespannte Tage, da wir nicht wussten, was wirklich mit uns passieren würde.
An einem Tag im Februar rief mich mein Kollege an und rief: «Olga, es weht eine Flagge auf dem Parlamentsgebäude der Krim. Eine Flagge!» «Welche Flagge?», fragte ich. «Unsere Flagge, Russisch! Unsere Leute sind in der Stadt!»
Dieser Moment, als wir von der Flagge auf dem Parlamentsgebäude der Krim erfuhren, inspirierte uns natürlich und gab uns große Hoffnung. Es wurde klar, dass wir nicht alleine waren und dass sich das Kämpfen lohnen würde.»

Olga Timofeeva (Foto: A. Zaitcev)

Hätten Sie erwartet, dass die Krim so schnell zu Russland zurückkehrt?

Timofeeva: «*Mitte Februar hatte ich nicht erwartet, dass die Krim bald nach Russland zurückkehren wird. Aber Anfang März wurde es offensichtlich. Es kam das Gefühl der Erleichterung und Sicherheit auf. Es war der Weg zurück nach Hause! Nach Hause! Am 6. März wurde das Datum des Referendums festgelegt.*»

Haben Sie am 16. März 2014 auch Ihre Stimme abgegeben? Wann sind Sie zur Wahl gegangen? Waren dort viele Menschen?

Timofeeva: *«Ich kam bereits um 8 Uhr am Wahllokal an, weil meine Kollegen und ich später zum Informationszentrum gehen wollten, um das Ergebnis des Referendums abzuwarten und zusammen, schnell auf mögliche Provokationen reagieren zu können. Zum Glück gab es keinerlei Provokationen. In meinem Wahllokal war um 8 Uhr bereits eine lange Warteschlange, obwohl es gerade erst geöffnet hatte. Die Leute kamen mit ihren Familien. Ich hatte eine interessante Begegnung. Nach der Abstimmung, als ich gerade gehen wollte, sprach mich eine ältere Frau an. Sie begann, sich bei mir für meinen Arbeitseinsatz beim russischen Frühling zu bedanken. Sie erzählte mir von ihrem Morgen. Sie und ihr Mann wollten frühmorgens zur Abstimmung gehen. Noch am Vortag hatte sie extra Blumen für diesen Tag gekauft. Sie wachten sehr früh auf und sie sagte zu ihrem Mann, der bereits in der Küche saß und Tee trank: «Auf meiner Todesanzeige wird stehen: Russische Föderation.»*
Wir alle haben in diesen Tagen solche emotionalen Erlebnisse gehabt.»

Haben Sie Soldaten in den Wahllokalen gesehen, die die Wahlen beeinflussen wollten ?

Timofeeva: *«Nein, es gab keine Soldaten in den Wahllokalen.»*

Bestand aus Ihrer Sicht eine Gefahr, dass die ukrainische Armee das Referendum zu verhindern versuchte? Gab es Aktionen der ukrainischen Armee oder der Polizei?

Timofeeva: *«Ja, natürlich. Ich kenne mehrere Episoden. Am 28. Februar 2014 gab der Kommandeur der ukrainischen Seestreitkräfte den Befehl zur Mobilmachung. Die Bürger von Sewastopol haben das ukrainische Hauptquartier für 24 Stunden blockiert. Dies waren auch beunruhigende Tage. Sie standen vor dem Hauptquartier mit Gleichgesinnten und wussten nicht, ob die Gegenseite anfangen wird zu schießen. Im März 2014 waren alle ukrainischen Streitkräfte vollständig blockiert. Nicht zuletzt mit der Hilfe der «höflichen Menschen». Ein Großteil des ukrainischen Militärs begann überzulaufen. Ein anderer Teil ging zurück in die Ukraine. An der Landverbindung zwischen der Krim und der Ukraine gab es Selbstverteidigungskräfte unter Mithilfe der Abteilung «Berkut», die die Ersten waren, die das Volk und die russischen Militärs unterstützten. Alle von ihnen verteidigten die Krim vor einer möglichen Invasion. Alle Versuche, die Halbinsel mit ukrainischen nationalistischen Gruppen zu infiltrieren, scheiterten.»*

Im Rückblick nach fünf Jahren würden Sie sagen, dass die Menschen auf der Krim heute genauso wie damals – in 2014 – entscheiden würden?

Timofeeva: *«Ich bin sicher, sie würden es tun. Die Einwohner von Sewastopol und der Krim bestätigten erneut ihre Entscheidung, als sie am 18. März 2018 bei der Wahl des Präsidenten der Russischen Föderation teilgenommen haben.*

Es ist der beste Beweis dafür, dass ihre Wahl 2014 bewusst und frei und die Ergebnisse des Referendums absolut legitim waren.»

Was ist Ihre Aufgabe heute im Jahr 2019?

Timofeeva: *«Ich lebe praktisch die ganze Zeit in Moskau, weil ich seit Oktober 2014 die Stadt Sewastopol im Föderationsrat der föderalen Versammlung der Russischen Föderation, dem russischen Parlament, vertrete. Die gesetzgebende Versammlung der Stadt Sewastopol ermächtigte mich, im höchsten gesetzgebenden Organ Russlands zu arbeiten. Es ist eine große Verantwortung und eine große Ehre für mich. Ich bin Mitglied des Internationalen Komitees, und meine Arbeit für die Region ist es, den Eintritt der Stadt Sewastopol in den legislativen Bereich der Russischen Föderation und ihre weitere Entwicklung in Russland zu maximieren.»*

Vladimir Konstantionv schreibt in seinem Buch, dass es sehr wichtig ist, Menschen auf die Krim zu bringen. Die Menschen müssen mit ihren eigenen Augen die Situation sehen, um die Entscheidung der Bevölkerung zu verstehen. Würden Sie diese Aussage unterstützen?

Timofeeva: *»Natürlich hat Vladimir Konstantinov absolut Recht. Die Staatspolitik einiger ausländischer Länder und ihre Medien interpretieren die Ereignisse des russischen Frühlings als Annexion der Krim durch die Russische Föderation. Es ist nicht wahr, und ausländische Besucher, die aus* *verschiedenen Ländern auf die Halbinsel kommen, können persönlich sehen, dass die Menschen auf der Krim, Russland als ihre historische Heimat betrachten. Die Ereignisse des russischen Frühlings bedeuten wirklich Heimkehr für sie. Als die Krim 1954 an die Ukraine übergeben wurde, geschah es in einem Land – der UdSSR. Niemand konnte sich vorstellen, dass die UdSSR aufhören würde zu existieren und sich die Krim in einem anderen Staat wiederfinden würde, losgelöst von Russland. Heute ist die historische Gerechtigkeit wiederhergestellt. Aber um das zu verstehen, müssen Sie die Geschichte Russlands und der Krim kennen, und auch die Krim besuchen und mit Menschen sprechen, die hier Leben.»*

Ich persönlich habe auf der Krim nur Menschen getroffen, die die Wiedervereinigung mit Russland unterstützen. Einige wünschen sich jedoch eine schnellere Entwicklung der Krim und auch der Renten und Gehälter. Können Sie das nachvollziehen?

Timofeeva: *«Es ist natürlich: Die Menschen wollen, dass sich die Welt zum Besseren verändert, und dies erfordert die Entwicklung der Infrastruktur und die Wiederherstellung der Produktion und ein angemessenes Lohnniveau. Nach den Ereignissen des Krim-Frühlings wurde die Krim von ausländischen Staaten unter Druck gesetzt. Der Fehler und die Ungerechtigkeit ist, dass die Bewohner der Krim von westlichen Ländern wegen ihres Engagements für ihre Geschichte, Kultur und Sprache bestraft werden.»*

Was ist aus Ihrer Sicht das Wichtigste für die Zukunft der Krim?

Timofeeva: *«Frieden und Sicherheit – in jeder Hinsicht. Es geht um den Frieden mit allen Ländern und die Entwicklung von Wirtschaft und Freizeitpotenzial in Verbindung mit sozialen Bereichen und die Sicherung und Verbesserung des Lebensstandards. Die Krim hat ein riesiges Potenzial und große Chancen, die realisiert werden können und sollten. Ich bin sicher, wir werden damit fertig werden.»*

Vielen Dank Senator Timofeeva.

Jeder, der mit offenen Augen und Ohren auf die Krim reist, wird diese und ähnliche Geschichten der Bewohner hören können. Dabei spielt es keine Rolle, ob es sich um Politiker oder Privatpersonen handelt. Der Wunsch zur Wiedervereinigung mit Russland, nach den schrecklichen Ereignissen und den nationalistischen Gewalttaten in Kiew, war und ist nach wie vor überwältigend.
Unsere Menschenrechtsorganisationen, die ansonsten jede vermeintliche Schandtat der russischen Regierung «aufdecken», haben bezüglich der ukrainischen Nationalisten wenig bis gar nicht berichtet. Ihre Agenda ist aufgrund der staatlichen finanziellen Unterstützung wahrscheinlich eine andere.

Ob das Völkerrecht im Zusammenhang mit der Krim gebrochen wurde oder nicht, kann jeder anhand der Faktenlage selber entscheiden. Kommt man jedoch zu dem Ergebnis, dass internationales

Recht verletzt wurde, so muss man dies auch in anderen Fällen bemängeln. Leider gilt auch hier die Regel, dass wir im Westen gerne und allzu oft mit zweierlei Maß messen. Wenn es für uns von Vorteil ist, beziehen wir uns auf das Völkerrecht, in anderen Fällen – wie dem Angriff auf Jugoslawien, Libyen, Afghanistan usw. – rechtfertigen wir unsere Brüche des Völkerrechts gerne damit, in den jeweiligen Ländern nur Demokratie und die Menschenrechte verteidigen zu wollen.

SANKTIONEN

Über die Sanktionen hat Dr. Georgy Muradov, der stellvertretende Premierminister der Krim bereits im Vorwort geschrieben.

Am 06. März 2014 verhängten die Staats- und Regierungschefs des Ministerrates der Europäischen Union Sanktionen gegen verschiedene Personen, obwohl die Krim zu diesem Zeitpunkt noch nicht durch Russland «annektiert» worden war. Eigene Sanktionen wurden durch die Länder Norwegen, Kanada, Australien und die USA beschlossen.
Laut Aussagen der Politiker waren alle Strafmaßnahmen gegen Russland gerichtet, weil Russland die Ukraine destabilisiere.
18 ukrainische Staatsbürger[85] wurden mit Einreiseverboten und der Beschlagnahmung von Vermögen im Ausland sanktioniert, die für die Destabilisierung der Ukraine verantwortlich gemacht wurden, wie zum Beispiel Viktor Janukowitsch und sein ehemaliger Ministerpräsident Nikolai Asarow.
Weitere Personen wurden nach und nach auf diese Sanktionslisten gesetzt, wie zum Beispiel am 12.09.2014 der stellvertretende Premierminister der Krim, Dr. Georgy Muradov. In der Begründung zu seiner Person heißt es:
«Stellvertretender Premierminister der Krim und generalbevollmächtigter Vertreter der Krim bei Präsident Putin. Muradov hat eine entscheidende Rolle bei der Konsolidierung der institutionellen Kontrolle Russlands über die Krim seit der rechtswidrigen Annexion gespielt. Er hat daher Handlun-

gen und politische Maßnahmen unterstützt, die die territoriale Unversehrtheit, Souveränität und Unabhängigkeit der Ukraine untergraben.»[86]

Am 21. März 2014 werden erstmals auch russische Staatsbürger mit Sanktionen belegt, wie zum Beispiel der Ökonom und Politiker Sergey Glazyev. Glazyev ist einer der wichtigsten Wirtschaftsberater Putins und hat im Auftrag des Kreml unter anderem Verhandlungen mit Viktor Janukowitsch über die Zusammenarbeit in einer Zollunion mit Russland geführt. Ihm wird von westlicher Seite unter anderem zur Last gelegt, Janukowitsch beeinflusst zu haben, das EU-Assoziierungsabkommen 2013 nicht zu unterschreiben. Zu seiner Person heißt es:
«Berater des Präsidenten der Russischen Föderation. Hat öffentlich zur Annektierung der Krim aufgerufen.»[87] Im Herbst 2018 hatte ich die Möglichkeit, Sergey Glazyev und seine Frau persönlich zu treffen und seine Sichtweise über die Zusammenhänge zwischen der Europäischen Union, der Ukraine und Russland zu hören.

Die anfänglichen Sanktionsmaßnahmen waren auch von diplomatischen Strafen begleitet, wie dem Ausschluss Russlands vom G8-Gipfel, der eigentlich im russischen Sotschi stattfinden sollte. Des Weiteren wurden alle Verhandlungen über Visaangelegenheiten und die Gespräche über eine OSCD (Organisation für wirtschaftliche Zusammenarbeit und Entwicklung) Mitgliedschaft Russlands ausgesetzt. Insgesamt standen am 21.11.2017 161 Personen auf der Sanktionsliste, dazu 41 Organisationen, wie zum Beispiel die

«Volksrepublik Donezk». Hier lautet die Begründung:

«Die «Volksrepublik Donezk» wurde am 7. April 2014 ausgerufen. Verantwortlich für die Organisation des rechtswidrigen Referendums vom 11. Mai 2014. Erklärung der Unabhängigkeit am 12. Mai 2014. Am 24. Mai 2014 unterzeichneten die «Volksrepubliken» Donezk und Lugansk ein Abkommen über die Gründung des «Föderalen Staates Noworossija (Neurussland).»

Dies verstößt gegen das ukrainische Verfassungsrecht und damit gegen das Völkerrecht und trägt somit zur Untergrabung der territorialen Unversehrtheit, Souveränität und Unabhängigkeit der Ukraine bei. Ist beteiligt an der Rekrutierung illegaler bewaffneter separatistischer Gruppen und bedroht somit die Stabilität und Sicherheit der Ukraine.»[88]

Laut den Internetseiten der Europäischen Union sind gegen die Krim aufgrund der «Annexion» folgende Maßnahmen verhängt worden.

1. Die EU hat ein Verbot für Einfuhren aus der Krim und aus Sewastopol verhängt, es sei denn, diese werden von einem Ursprungszeugnis der ukrainischen Behörden begleitet.
2. Investitionen auf der Krim oder in Sewastopol sind verboten. Europäer und in der EU ansässige Unternehmen dürfen auf der Krim keine Immobilien oder Unternehmen kaufen, keine Unternehmen finanziell unterstützen oder damit verbundene Dienstleistungen anbieten.
3. Reiseunternehmen aus der EU ist es nicht mehr erlaubt, Tourismusdienstleistungen auf

der Krim oder in Sewastopol anzubieten. Europäische Kreuzfahrtschiffe dürfen, außer im Notfall, nicht mehr an Häfen rund um die Krim-Halbinsel anlegen. Dies gilt für alle Schiffe, die Eigentum eines Europäers sind oder unter der Flagge eines Mitgliedstaates fahren.

4. Güter oder Technologien für die Bereiche Verkehr, Telekommunikation und Energie sowie für die Exploration von Öl, Gas und mineralischen Ressourcen dürfen nicht an Unternehmen geliefert werden, die auf der Krim ansässig sind oder für die Nutzung auf der Krim bestimmt sind.
5. Technische Unterstützung, Vermittlung, Bau- und Konstruktionsdienstleistungen im Infrastrukturbereich dürfen für diese Sektoren nicht zur Verfügung gestellt werden.[89]

Dass die USA die Sanktionen gegen russische Unternehmen auch gezielt nutzt, um russische Konkurrenten vom US-Markt zu verdrängen, ist offensichtlich. Hannes Hofbauer beschreibt in seinem Buch «Feindbild Russland», wie der russische Hersteller von Nachtsichtgeräten, «Katod», mithilfe der Sanktionen erfolgreich vom US-Markt verdrängt werden konnte. In einem anderen Fall geriet eine russische Firma erst auf die Sanktionsliste der USA, nachdem sie die bereits bestellten Waren vertragsgemäß geliefert hatte.
Frankreich dagegen hatte einen russischen Auftrag storniert und dabei einen wirtschaftlichen Schaden von rund 1,2 Milliarden Euro erlitten.[90] In vorauseilendem Gehorsam setzen die EU-Länder und Norwegen auf Druck der US-Regierung die Sanktionen nun konsequent um, auch wenn es ihren eigenen Interessen diametral entgegensteht.

US-Vizepräsident Joe Biden sagte dazu in einer Rede an der Harvard Universität, dass der US-Präsident Europa fast dazu hatte zwingen müssen, wirtschaftliche Nachteile in Kauf zu nehmen, um Russland «*dafür bezahlen*» zu lassen.
Die USA, die ohnehin nur einen relativ geringen Handel mit Russland pflegten, ist durch die Sanktionen rein ökonomisch nicht so sehr in Mitleidenschaft gezogen worden wie die Europäische Union.

Gleichzeitig geht es den USA bei den anhaltenden Sanktionen auch um den europäischen Gasmarkt. Die US-Regierung versucht mit politischem Druck auf Deutschland, die Pipeline Nordstream 2 zu verhindern. Die USA möchten durch die Lieferung von verflüssigtem Fracking-Gas den lukrativen europäischen Markt von den Russen übernehmen. Da Fracking-Gas zur Zeit aber noch teurer ist als russisches Gas, ist es auf dem freien Markt nicht konkurrenzfähig. Eine Umstellung kann daher nur mit politischem Druck gelingen.

Unter den Sanktionen leiden nicht nur ukrainische und russische Privatpersonen sowie Firmen, sondern auch europäische, und vor allem die rund 6 200 deutschen Unternehmen, die mit Russland Geschäfte machen. Der Außenhandel der EU mit Russland belief sich im Jahr 2012 noch auf 336 Milliarden Euro und ist auf 191 Milliarden Euro (2016) gesunken.[91]
Auch die norwegisch-russische Handelskammer in Oslo vermeldete in ihrem Journal Nr. 02-15 im ersten Halbjahr 2015 gewaltige Verluste für die norwegische Wirtschaft aufgrund der Sanktionen. Das

Minus im Export nach Russland beläuft sich auf 78 Prozent zwischen 2014 und 2015.

Langsam setzt sich auch in den Mainstream-Medien die Meinung durch, dass sich die Sanktionen gegen unsere eigenen Interessen richten. Stimmen und Forschungsinstitute kommen zu Wort, die massive Verluste von Arbeitsplätzen und Schäden von bis zu 100 Milliarden Euro[92] (europaweit) vorhersagen. Wolfgang Büchele, der Vorsitzende des Ost-Ausschusses der Deutschen Wirtschaft, warnt vor dem Verlust von 60 000 Arbeitsplätzen.
Die Sanktionen sind ohne jede Wirkung für die sanktionierten Politiker, da diese ihr Vermögen ohnehin nur zu einem sehr geringen Teil in der EU investiert haben. Die Deutsche Industriebank warnte bereits 2014 in einem Aufsatz, dass die Zustimmung zu den Sanktionen negative Folgen für die deutsche Wirtschaft haben wird und am generellen Erfolg der Sanktionspolitik gezweifelt werden kann.[93]

Die Gefahr für die europäische Wirtschaft besteht, dass große multinationale Konzerne zur Umgehung der Sanktionen einfach Niederlassungen oder Firmen im Ausland gründen, um auf diese Weise den russischen Markt direkt beliefern zu können. Die so ausgelagerten Arbeitsplätze werden auch nach der Aufhebung der Sanktionen wahrscheinlich nicht mehr nach Deutschland bzw. Norwegen zurückkommen.
Andere Unternehmen haben ohnehin bereits Wege gefunden, ihre Produkte auf die Krim zu liefern. Auf der Strandpromenade von Yalta sind die Geschäfte von Adidas, Ecco, Benetton und anderen Marken voll ausgestattet. Auch Produktionsfirmen,

die wir auf der Krim besucht haben, wie verschiedene landwirtschaftliche Betriebe, erhalten die neueste Technik aus Europa über legale Umwege. Die Bürger der Krim und des Donbass sind diejenigen, die am meisten von den Sanktionen betroffen sind.
Sie erhalten keine Einreiseerlaubnis für die USA, die EU oder Norwegen. Eine Person, die zur Beerdigung eines Familienangehörigen in ein europäisches Land reisen möchte, erhält kein Visum.
Bei mehreren Gelegenheiten besuchten wir die Föderale Universität V.I. Vernadsky in Simferopol, an der mehr als 32.000 Studenten lernen. Rektor, Prof. Andrey Falaleev hatte uns dabei regelmässig den Wunsch erfüllt, mit Studenten zu diskutieren. Während all dieser Treffen kam von den Studenten immer wieder die Frage auf, wann die Sanktionen gegen die Krim endlich abgeschafft werden. Die junge Generation möchte nicht für politische Entscheidungen zur Verantwortung gezogen werden, sondern möchte ins Ausland reisen können und vielleicht dort auch ein Semester studieren.
In Eigeninitiative hatten die Studenten einen professionellen 16-minütigen Film erstellt, in welchem sie sich selbst interviewen und die Ereignisse von 2014, die zur Wiedervereinigung mit Russland geführt haben, erklären.

Der Link zum Video: https://youtu.be/rk8sjjzpiqo

Prof. Falaleev erzählte uns von den absurden Ausmassen der Sanktionen und der damit verbundenen Angst ausländischer Institutionen. Bei einer deutsch-russischen Konferenz für wissenschaftliche Zusammenarbeit in Kasan, zog sich die deutsche Rektorenkonferenz zurück, nachdem

bekannt wurde, dass auch Andrey Falaleev von der Universität der Krim an der Konferenz teilnehmen werde.
Ein Sprecher des deutschen Rektorenverbandes begründete die Absage damit, dass das Auswärtige Amt in Deutschland den Institutionen des Landes eine Teilnahme an einer Konferenz untersagt habe, an welcher auch Personen der Krim teilnehmen.

Prof. Andrey Falaleev, Hendrik Weber (Foto: V.I. Vernadsky Universität)

Das Gleiche gilt auch für die technische Universität in Simferopol, an welcher auch viele Krimtataren studieren. Rektor und Professor Chingiz Yakubov, der selbst unter anderem in Magdeburg (Deutschland) studierte und mehrere Bücher zum

Thema Maschinenbau auch in deutscher Sprache veröffentlichte, erzählte uns, dass leider alle Kooperationen mit europäischen Hochschulen aufgrund der Sanktionen eingestellt werden mussten.

Auch die Schüler einer weiterführenden Schule, die wir in Donezk besucht haben, klagen über die anhaltenden Sanktionen. Die Schule hatte vor 2014 gute Kontakte und enge Zusammenarbeit mit deutschen und anderen europäischen Hochschulen, Dozenten, Lehrern und Schülern. Diese Kooperationen sind teilweise offiziell beendet worden, oder man hat sie von europäischer Seite absichtlich «einschlafen» lassen.

Wir im Westen haben die Bevölkerung der Krim und des Donbass sozusagen in Geiselhaft genommen. Wo bleibt der Aufschrei unserer Menschenrechtsorganisationen gegen diese hauptsächlich die Zivilbevölkerung treffende Ungerechtigkeit? Handelt es sich dabei nicht um eine Verletzung der Menschenrechte?
In einem Bericht der norwegischen Menschenrechtsorganisation Human Rights House heißt es: *«Gleichzeitig wird um die Halbinsel herum eine «Mauer des Schweigens» aufgebaut, die den Zugang und die internationale Kontrolle der Menschenrechtssituation auf der Krim blockiert, was die Straflosigkeit verstärkt, mit der die Besatzungsbehörden die Menschenrechte der Bevölkerung verletzen.»*[94]
In diesem Punkt kann Human Rights House nur zugestimmt werden, wenn auch mit umgekehrten Vorzeichen. Die europäischen und norwegischen Medien und Regierungen bauen eine Mauer des

Schweigens auf und erzählen uns nicht, wie die Menschen auf der Krim – inklusive der ethnischen Minderheiten – unter unseren sinnlosen Sanktionen zu leiden haben.
Wenn wir aber glauben, dass die Menschen auf der Krim oder im Donbass, aufgrund der Sanktionen, gegen ihre Regierung demonstrieren und wir dadurch ein Einlenken Russlands erreichen, täuschen wir uns. Die Menschen werden in diesen schwierigen Zeiten erst recht zu ihrem Präsidenten stehen und sich kopfschüttelnd und enttäuscht von Europa abwenden.

Ohne Zweifel müssen die Sanktionen von westlicher Seite eines Tages aufgehoben werden. Der Druck von Unternehmen und Wirtschaftsverbänden auf die Politik wird in der nächsten Zeit weiter zunehmen und die Frage stellt sich schon jetzt, wie wir ohne einen Gesichtsverlust aus dieser selbstverschuldeten Misere herauskommen wollen. Eine fast unmögliche Aufgabe, nachdem wir so viel Härte und Kompromisslosigkeit gezeigt haben. Klar ist, dass es ein Einlenken Russlands in Bezug auf die Krim nicht geben wird.

Um einen Dialog zu starten, bleibt daher nichts anderes übrig, als das Thema der Krim vorerst auszusparen, oder öffentlich das Eingeständnis zu machen, dass die Krim doch ein Teil der Russischen Föderation ist. Es wird interessant sein, zu sehen, wie sich unsere Medien und Politiker aus der Situation herauswinden werden.
Wie auch immer. Wichtig ist, dass wir einen Dialog mit unseren Nachbarn starten, um eine weitere Eskalation unter allen Umständen zu vermeiden.

Der frühere US-Außenminister Henry Kissinger wird von Gegnern von Sanktionen oft mit dem Satz zitiert: *«Sanktionen sind keine Strategie, sondern Ausdruck des Fehlens einer Strategie.»*

DIE KRIMTATAREN

Viele Kritiker der Wiedervereinigung werfen der Regierung in Simferopol und in Moskau vor, die Rechte der ethnischen Minderheiten und speziell die der Krimtataren zu beschneiden und zu untergraben. Krimtataren würden von offiziellen Stellen schikaniert und teilweise ohne Grund inhaftiert. An dieser Kritik beteiligen sich leider auch vermeintlich unabhängige Menschenrechtsgruppen und verschiedene NGOs (Nichtregierungsorganisationen). Die naive Analyse und einseitige Sichtweise dieser Organisationen sind dabei verblüffend und erschreckend zugleich.

Während all meiner Reisen auf die Krim, alleine oder zusammen mit verschiedenen Delegationen, habe ich bzw. haben wir als Gruppe immer ein ganz besonderes Augenmerk auf die Situation der Krimtataren gelegt, um diesen Vorwürfen nachzugehen. Als Wahlbeobachter während der russischen Präsidentschaftswahl am 18. März 2018 haben wir gezielt, die Gebiete mit überwiegender krimtatarischer Bevölkerung besucht. Wir haben Moscheen besichtigt und mit Gläubigen gesprochen, den Direktor eines krimtatarischen Fernsehsenders interviewt und mit vielen anderen Tataren das Gespräch gesucht.

Welche Berechtigung diese Vorwürfe haben, möchte ich in diesem Kapitel unter anderem anhand eines Aufsatzes von Dr. Astor Reigstad,[95] versuchen zu klären, der sich intensiv mit dem Thema auseinandergesetzt hat.

Bereits in der Antike lebten verschiedenste Völker auf der Krim. Griechen legten im Jahre 600 v. Chr. den Grundstein der Stadt Chersones in der Nähe des heutigen Sewastopol. In einem neu erbauten Museum können die Ausgrabungen aus dieser Zeit bewundert werden.
Das Khanat auf der Krim entstand um 1441, als die mongolischen «Goldenen Horden» politisch an Einfluss verloren. Das Zentrum der Krimtataren war die Stadt Bachtschissaraj etwa 30 Kilometer südwestlich des heutigen Simferopol. Noch immer kann man den erst kürzlich restaurierten Palast und die Moschee des Khans bewundern. Die Einwohner waren mehrheitlich Sunniten und sprachen hauptsächlich Türkisch.
Das Khanat geriet 1478 unter den Einfluss des Osmanischen Reiches und verfolgte zunehmend eine aggressivere Politik gegenüber seinen Nachbarn im Norden, Polen-Litauen und dem Großfürstentum Moskau, in Form von ausgedehnten Raubzügen.
Trotz der Oberhoheit durch das Osmanische Reich behielt das Khanat der Krim eine weitreichende Autonomie und baute seine Macht zunehmend zu einem Staat aus.
Unter Zarin Katharina der Großen kam die Krim und das Khanat der Krimtataren unter die Kontrolle Russlands, wurde aber weiterhin vom Khanat verwaltet.
Im Krimkrieg von 1853 bis 1856 kämpften die Verbündeten England, Frankreich und Sardinien zusammen mit dem Osmanischen Reich, um den russischen Einfluss über das Schwarze Meer und den Bosporus einzudämmen. Die Krimtataren schlossen sich den Alliierten an, um sich von der russischen Herrschaft auf der Krim zu befreien. Ab

ca. 1850 stieg die Zahl der russischen, ukrainischen und slawischen Einwanderer auf der Krim. Zusätzlich stieg auch die Zahl der Deutschen, Armenier, Griechen und Juden. 1897 war der Anteil der Krimtataren auf der Krim bereits auf 34 Prozent gesunken. Der wachsende Einfluss der Russen reduzierte die Zahl der krimtatarischen Bevölkerung bis zum Beginn des Ersten Weltkrieges 1914 auf gerade einmal 19 Prozent.
Nach der Auflösung des Zarenreiches und der Machtübernahme durch die Bolschewiken versuchten die Krimtataren, eine «Demokratische Republik Krim» zu gründen, scheiterten aber an der Mehrheit der übrigen Volksgruppen der Halbinsel. Unter den Bolschewiken erhielten die Krimtataren ein gewisses Mitbestimmungsrecht und teilweise Wiedergutmachungen für die erlebte Unterdrückung im Zarenreich.
Diese Kooperation änderte sich im Laufe der 1930er-Jahre, als Josef Stalin eine Zwangskollektivierung der Landwirtschaft durchführte. Die Tataren waren von diesen Maßnahmen besonders betroffen. Gleichzeitig wurden ihre Rechte und ihre Religionsfreiheit massiv eingeschränkt. Viele Moscheen und Gebetshäuser wurden zu Lagern oder Versammlungshäusern umfunktioniert und die muslimischen Traditionen teilweise verboten. Stalin sah in den Krimtataren eine Klasse feudaler, rückwärtsgewandter Nationalisten, die sich der neuen Ordnung nicht anpassen wollten. Mehrere Tausend wurden getötet oder in Arbeitslager verschleppt.
Beim Ausbruch des Zweiten Weltkrieges betrug der Anteil der Krimtataren an der Bevölkerung trotz allem nach wie vor um die 19 Prozent.

Nach dem Angriff der Wehrmacht auf die Sowjetunion im Juni 1941 wurden die rund 60.000 Deutschen, die unter Zarin Katharina der Großen auf der Krim angesiedelt worden waren, von Stalin nach Kasachstan deportiert. Die Nationalsozialisten versuchten, die Krimtataren für ihre Zwecke zu einer Kooperation gegen das Stalinregime zu gewinnen.

Hitler sah die Krim als strategisch wichtige Position im Kampf gegen die Sowjetunion und so war es ihm entsprechend wichtig, mit der Zivilbevölkerung der Krim möglichst konfliktfrei umzugehen. In der Rassentheorie der Nazis waren die Krimtataren als Moslems höher eingestuft als die slawische Rasse.

Nach dem Einmarsch der deutschen Armee gab Feldmarschall Erich von Manstein den Befehl, die Bräuche der «mohammedanischen Tataren» zu respektieren. 1942 gründeten die Krimtataren in Sewastopol das «Muslimische Zentralkomitee», das als oberstes Organ der Muslime die Lebensweise und Gebräuche der Tataren regelte. Kurz nach der Gründung verpflichtete sich das Komitee, zusammen mit dem deutschen Heer, alle Muslime in der Sowjetunion zu befreien.

Durch eine geschickte Propagandaoffensive konnten die Nazis ungefähr 20.000 Krimtataren dazu bewegen, die SS-Gebirgsbrigade, Tatar Nr. 1 zu gründen.

Beim deutschen Rückzug aus dem Kaukasus fürchteten die Tataren um ihr Leben. Das Zentralkomitee versuchte, die Deutschen dazu zu bewegen, wenigstens die muslimischen Führer mitzunehmen. Nachdem die Rote Armee die Krim im April 1944 zurückerobert hatte, wurden viele Krimtataren, die mit den Deutschen kollaboriert hatten,

hingerichtet. Als kollektive Strafe befahl Stalin in seinem Erlass GKO 5859ss die Deportation von verschiedenen Volksgruppen, die mit den Nazis zusammengearbeitet haben könnten. Insgesamt 228.000 Bewohner der Krim mussten ihre Heimat verlassen, darunter 191.000 Krimtataren. Unklar ist, wie viele Vertriebene während des Transportes und im ersten Jahr im Exil starben. Die Geheimpolizei meldete, dass bis 1949, 32.107 Personen verstorben waren, von ihnen die meisten wahrscheinlich Krimdeutsche und Zugehörige anderer Minderheiten.
Nach Nikita Chruschtschows Aufbegehren gegen die Politik Josef Stalins beim Parteikongress 1956 konnten mehrere Volksgruppen in ihre Heimat zurückkehren. Ausgenommen davon waren Krimtataren und Deutsche.
Gegen Ende der 1950er-Jahre begannen die Repräsentanten der Krimtataren, aktiv für eine Rückführung ihrer Volksgruppe zu arbeiten. In Schreiben an Moskau und auf verschiedenen Delegationsreisen achtete man stets auf eine korrekte sowjetisch-kommunistische Rhetorik und hielt sich streng an den offiziellen Dienstweg.
Diese zurückhaltende Strategie änderte sich mit dem Vorpreschen eines radikaleren Flügels der Krimtataren, der versuchte, sich mit verschiedenen Menschenrechtsorganisationen zu alliieren. Mustafa Dschemiljew war einer der bekanntesten Aktivisten im Kampf für die Rückführung der Krimtataren. Er wurde mehrmals wegen anti-sowjetischer Aktivitäten verhaftet. 1967 beschloss der Oberste Sowjet die Amnestie der Krimtataren wegen Hochverrates während des Krieges und sie erhielten erweiterte Rechte.

Als während der Perestrojka 1987 das Demonstrationsverbot aufgehoben wurde, waren die Krimtataren eine der aktivsten Volksgruppen. Präsident Michail Gorbatschow setzte 1988 eine Kommission ein, die beschloss, das Verbot der Änderung des Wohnsitzes für die Tataren aufzuheben. Die weiteren Forderungen der Tataren wurden, teilweise aus Angst vor Reaktionen der sowjetischen Bevölkerung der Krim, nicht berücksichtigt.
1989 waren bereits rund 38.000 Krimtataren auf die Krim zurückgekehrt. Nach vielen Jahren im Exil zurück auf die Krim kam es vermehrt zu Konflikten und Streitigkeiten um Grundstücke und Eigentum mit der Bevölkerung der Krim.
Die Tataren waren teilweise von einer anti-sowjetischen Einstellung geprägt und übertrugen diese auf die überwiegend russlandfreundliche Bevölkerung der Krim.

Zuvor, im Jahr 1987, wurde die Partei NDKT (Nationale Bewegung der Krimtataren) gegründet. NDKT erntete Kritik, weil sie an einem friedlichen Protest und an einer Zusammenarbeit mit der Regierung festhielt. 1991 wurde auf der Krim die Bewegung OKND (Organisation der krimtatarischen Nationalbewegung) gegründet, die sich für alle Fragen der Krimtataren und deren Kontroversen mit der Regierung und den übrigen Bewohnern der Krim für zuständig erklärte. Das Hauptziel der Organisation war die Gründung einer gewählten Nationalversammlung.
Bei der Wahl dieser Nationalversammlung im Juni 1991 wurden der Medschlis als die zentrale Exikutivkörperschaft des Krimtatarischen Volkes gegründet. Er wurde schnell zu einer der führenden Organisationen der Krimtataren. Der Medschlis

besteht aus 33 Mitgliedern, die von der Nationalversammlung der Tataren gewählt wurden. Der erste Vorsitzende des Medschlis war Mustafa Dschemiljew, der 2013 durch Rafat Tschubarow abgelöst wurde.
Bei der ersten Wahl kamen 17 der Mitglieder von der Organisation OKND, die sich somit als politische Partei bestätigt sah. NDKT stand dem Medschlis sehr kritisch gegenüber, da sie befürchtete, dass die Krimtataren sich vom Rest der Bevölkerung isolieren und abspalten wolle.
1993 wurde der Vorsitzende der NDKT, Juri Osmanow, in Simferopol unter nicht geklärten Umständen ermordet. Sein Nachfolger wurde Waswi Abduraimow, der im Bildungsministerium der Krim gearbeitet hatte und für einen versöhnlichen Kurs im Umgang von Christen und Muslimen miteinander stand. Bei den Parlamentswahlen der Krim 1994 erzielte seine Partei allerdings ein schlechtes Ergebnis und wurde damit bedeutungslos.

Als die Ukraine sich am 24. August 1991 für unabhängig erklärte, lag die Zustimmung bei 93 Prozent. Auf der Krim waren es nur 54 Prozent Zustimmung bei einer Wahlbeteiligung von nur 67 Prozent. Der Medschlis hatte sich bereits vorher für die Seite der Ukraine entschieden und empfand sich als Retter der Abstimmung für die ukrainische Unabhängigkeit.
Er machte sich große Hoffnungen auf eine gute Zusammenarbeit mit der ukrainischen Regierung. Womit er mutmaßlich nicht gerechnet hatte, war, dass die ukrainische Führung in Kiew alle Fragen der Krimtataren dem regionalen Parlament der Krim überlassen würde. Die Konflikte setzten sich

daraufhin vergleichbar mit denen zu Zeiten der Sowjetunion fort.

Ebenfalls 1991 verabschiedete der Medschlis die «Erklärung der nationalen Souveränität des krimtatarischen Volkes», wonach die Krim das nationale Territorium der Tataren sein sollte. Darin beschrieben ist, dass die Krimtataren das alleinige Verfügungsrecht an den Naturressourcen bekommen sollten. Zu diesem Zeitpunkt waren nur 10 Prozent der Bevölkerung Krimtataren und es war unklar, welche Rechte die anderen 90 Prozent der Bevölkerung erhalten würden. Zu dieser Forderung kamen weitere hinzu, die eine Spaltung der Gesellschaft bedeutet hätten. Die ukrainischen Behörden erteilten daher diesen Forderungen eine Absage.

1992 / 1993 waren bereits rund 220.000 Tataren auf die Krim zurückgekehrt. Zu diesem Zeitpunkt war die Sowjetunion bereits aufgelöst und die Tataren sowie die anderen Bewohner befanden sich nun in der Autonomen Republik Krim.
Zwischen Krimtataren und der Regierung kam es zu zahlreichen Auseinandersetzungen. Auch in den Wohngebieten, in denen sich Krimtataren ansiedelten, kam es nach wie vor zu Streitigkeiten um Häuser, Grundstücke und Agrarflächen mit der übrigen Bevölkerung, bestehend aus Ukrainern, Russen und anderen Minderheiten.

Vor der Parlamentswahl der Krim 1994 forderte der Medschlis eine Umorganisierung des Parlaments in ein Zweikammersystem, in dem die Tataren zu einem Drittel vertreten sein sollten. Da sie zu dieser Zeit immer noch lediglich 10 Prozent der

Bevölkerung stellten, wären sie bei einem proportionalen System sehr wahrscheinlich gar nicht im Parlament vertreten gewesen. Die Organisation Medschlis ließ sich schließlich darauf ein, mit 14 von 98 Sitzen im Parlament vertreten zu sein. Alle ihre Abgeordneten mussten einen Eid auf die Erklärungen des Medschlis ablegen.
Die pro-russische Stimmung bei den Parlamentswahlen auf der Krim nutzte die ukrainische Regierung, um ihre abweisende Haltung den Tataren gegenüber zu ändern. Ihnen wurden finanzielle Mittel versprochen und die Ukraine stellte Forderungen auf Erstattung gegen Usbekistan und Russland wegen der Deportationen. Die Krimtataren waren allerdings nicht damit einverstanden, dass diese Finanzhilfen von der regionalen Regierung in Simferopol ausgezahlt werden sollten.
Die Regierung in Kiew diskutierte auch die Forderung, nach der der Medschlis als einzige legitime Organisation der Krimtataren registriert werden sollte, jedoch ohne einen Beschluss zu fassen. Der Medschlis hatte auch eine Zusage des Justizministeriums der Ukraine, der zufolge er sich als Organisation offiziell registrieren lassen konnte, um einen legitimen Status zu erlangen. Dieses wurde von der Führung des Medschlis abgelehnt.

Die Krimtataren waren strikt dagegen, dass eine Wahl des Premierministers auf der Krim abgehalten werden sollte. Zudem war die Voraussetzung, dass ein Kandidat mindestens zehn Jahre auf der Krim wohnen musste, für die Tataren störend. Medschlis-Kandidat Mykola Bahrow war bei den Wahlen 1994 chancenlos. Der Kandidat des prorussichen Blocks, Juri Meschkow, gewann mit 73 Prozent im zweiten Wahldurchgang. Das Ziel, ei-

nen tatarischen Nationalstaat zu gründen, hatte damit keinerlei Aussichten mehr auf Erfolg.
Im Parlament entwickelte es sich für die Krimtataren besser, als sie zunächst befürchtet hatten. Die russlandfreundliche Mehrheit im Parlament löste sich aufgrund des fehlenden Rückhaltes aus Moskau auf. Hinzu kamen die Schwierigkeiten in Russland unter Präsident Jelzin und der Krieg in Tschetschenien, bezüglich dessen sich die Krimtataren eindeutig auf die Seite ihrer Glaubensbrüder stellten. Im Parlament vermochten sie es dennoch, erfolgreich mit anderen Gruppen zusammenzuarbeiten.
1995 brach ein gewalttätiger Aufstand der Krimtataren in vier verschiedenen Städten der Krim aus. Grund dafür waren Streitigkeiten um die Anerkennung und um Rückführung von Eigentum. Vier Menschen kamen bei den Unruhen ums Leben, viele wurden verletzt. Der ukrainische Präsident Leonid Kutschma lud daraufhin den obersten Vertreter des Medschlis, Mustafa Dschemiljew, zu einem Gespräch ein, um die Situation der Krimtataren zu analysieren. Eine in diesem Zusammenhang eingesetzte Untersuchungskommission kam zu keinem Ergebnis.

In dieser Zeit wuchs das Interesse mehrerer Menschenrechtsorganisationen an den Krimtataren und Forderungen wurden laut, die ukrainische Regierung solle die Rechte der Krimtataren stärken. Dies galt vor allem für die Erteilung der ukrainischen Staatsbürgerschaft für die Tataren, die nach 1991 auf die Krim gekommen waren und in Bezug auf die krimtatarische Sprache sowie andere kulturelle und religiöse Konflikte.

Bei den Parlamentswahlen in der Ukraine forderte der Medschlis die Tataren auf, für Parteien zu stimmen, die vermeintlich anti-russische Haltungen vertraten. Bei der Orangenen Revolution 2004 wurde Mustafa Dschemiljew ins Parlament in Kiew gewählt. Bei der Wahl 2012 empfahl der Medschlis den Tataren, ihre Stimme der Oligarchin Julija Timoschenko und ihrer Partei «Vaterland» zu geben, bei der Mustafa Dschemiljew auf Platz 12 der Liste stand.

Als 2013 die Aufstände auf dem Maidan begannen, waren mehrere Führer der Krimtataren sehr aktiv und arbeiteten mit der Partei Swoboda und dem Rechten Sektor zusammen, der nach und nach zur treibenden Kraft der Gewalt auf dem Maidan wurde.
Die Mehrzahl der Bevölkerung der Krim betrachtete die Geschehnisse auf dem Maidan mit steigender Skepsis. Im Gegensatz zur Bevölkerung in Kiew stützte die Bevölkerung der Krim das gewählte Parlament und Präsident Janukowitsch. Der Medschlis sprach sich vehement gegen den Anschluss der Krim an Russland aus und mobilisierte in den Tagen vor dem Referendum Tausende von Krimtataren und arbeitete am 26. Februar 2014 eng mit dem Rechten Sektor zusammen, um das Parlamentsgebäude der Krim zu besetzen.

Die Tumulte vor dem Parlament im Februar 2014 verhinderten nicht, dass sich die Krim beim Referendum am 16. März 2014 von der Ukraine lossagte. Der hohe Anteil der Wahlbeteiligung und das überragende Resultat für den Anschluss an Russland deuten darauf hin, dass auch ein Großteil der rund 220.000 Tataren für Russland ge-

stimmt haben muss. Die Aufforderung des Medschlis aus Kiew, das Referendum auf der Krim zu boykottieren, scheint dementsprechend keinen Einfluss gehabt zu haben.
Zwei Tage nach dem Referendum auf der Krim erkannte das Parlament in Kiew am 18. März 2014 den Medschlis als höchsten Vertreter der Krimtataren und jene als das Urvolk der Krim an. Diese Forderung hatte der Medschlis bereits 23 Jahren lang vergeblich gestellt – sie wurde nun aus reinen Propagandazwecken und ohne jede praktische Bedeutung genehmigt.
Eine internationale Anerkennung als Urvolk der Krim kann es ohnehin nicht geben, denn die Tataren, die von den «Goldenen Horden» abstammen, ließen sich lange nach den Griechen, Römern und verschiedenen slawischen Stämmen auf der Krim nieder.

Sechs der 33 Mitglieder des Medschlis waren gegen den Boykott des Referendums und für eine Zusammenarbeit mit der Regierung der Krim. Eines von ihnen wurde stellvertretender Vorsitzender des Staatsrates und Vorsitzender des «Komitees für interethnische Beziehungen».

Von westlicher Seite wird davon ausgegangen, dass mindestens 20.000 Tataren die Krim nach dem Referendum verlassen haben, während die UN von 10.000 Personen sprechen. Die wirklichen Zahlen liegen, meinen krimtatarischen Gesprächspartnern zufolge, bei etwas weniger als 200.

Mustafa Dschemiljew, der frühere Vorsitzende des Medschlis, hielt sich während der Proteste auf dem Maidan in der Türkei auf. Aufgrund seiner

provozierenden Äußerungen und dem Aufruf zu Gewalttaten gegen die Regierung in Simferopol hatte Russland eine Einreisesperre von fünf Jahren gegen ihn verhängt.
Genau wie unter der ukrainischen Regierung weigert sich die Organisation, sich in Russland offiziell registrieren zu lassen.
Im September 2015 rief der Medschlis zu einer zivilen Blockade der Krim zusammen mit anderen extremistischen Gruppen auf.[96] Zwei Monate später wurde das Fundament der Stromleitung zur Krim gesprengt, was zu einer ernsten Situation für die gesamte Bevölkerung der Halbinsel führte.[97]
Als Reaktion auf diese und andere Sabotageakte stufte das oberste Gericht im April 2016 die Organisation Medschlis als extremistische Organisation ein, woraufhin sie in Russland verboten wurde.
Es gibt noch vier weitere Organisationen, die mit terroristischen Handlungen auf der Krim in Verbindung gebracht werden. Eine davon ist «Hizb ut-Tahrir».

Die Organisation Human Rights House, die unter anderem vom norwegischen und vom schweizerischen Außenministerium finanziert wird, berichtet über Menschenrechtsverletzungen auf der Krim. Im Bericht *«Crimea: Breaking the Wall of Silence»* (Krim: Die Mauer des Schweigens brechen) vom November 2018 heißt es:
«Diskriminierung und Verfolgung aus ethnischen Gründen richten sich gegen Ukrainer und Krimtataren, und aus religiösen Gründen gegen Muslime wegen Extremismus und Engagement in Organisationen wie Hizb-ut-Tahrir, die in der Russischen Föderation verboten ist, aber nicht in der Ukraine.

Krimtataren erleiden regelmäßig Überfälle ihrer Gemeinden und Privathäuser, und leben unter der permanenten Gefahr, als «Extremisten» und «Terroristen» verfolgt zu werden. Ukrainer riskieren auch Verfolgung für alles, was willkürlich als «pro-ukrainisch» gilt, und riskieren Anklagen des Separatismus und Terrorismus.»[98]

Was Human Rights House hier nicht erwähnt, ist, dass die Organisation «Hizb-ut-Tahrir» auch in Norwegen, und vielen anderen Ländern als terroristische Vereinigung verboten wurde. In Deutschland wurde «Hizb-ut-Tahrir» bereits 2003 vom damaligen Bundesinnenminister Otto Schily verboten.[99] In der Begründung zum Verbot heisst es: *«Hizb-ut-Tahrir bestreitet nicht nur das Existenzrecht des Staates Israel, sondern ruft sogar zur Vernichtung Israels und zur Tötung von Juden auf. Damit wendet sich der Verein massiv gegen den Gedanken der Völkerverständigung; ebenso konnte auch nicht hingenommen werden, dass er die Anwendung von Gewalt zur Durchsetzung politischer Ziele gutheißt.»*[100]
Als mehrere Mitglieder der Organisation im Oktober 2017 auf der Krim verhaftet wurden, wurde dies in unseren westlichen Medien als russischer Übergriff auf die Krimtataren dargestellt.

Einen negativen Beitrag leistet auch die «Gesellschaft für bedrohte Völker» deren Leiterin des Berliner Büros, Frau Sarah Reinke den jährlichen Bericht über die Unterdrückung der Krimtataren verfasst. Im Bericht «Drei Jahre Annexion der Krim - Systematische Verfolgung der Krimtataren dauert an», beschreibt sie die angebliche Verfolgung einer ganzen Volksgruppe.[101] Dabei macht die Organisation, die sogar eine beratende Funktion bei den UN hat[102], die gleichen Fehler wie viele andere Menschenrechtsgruppen und zeigt dadurch sehr deutlich, dass die grosse Mehrzahl aller ihrer Informationen von Personen oder Organisationen stammen, die nicht auf der Krim, sondern in Kiew ansässig sind.

Fälschlicherweise wird auch hier behauptet, dass die Krimtataren, die Urbevölkerung der Krim darstellen und dass verschiedene Organisationen wie «Hizb-ut-Tahrir» in Russland verboten, aber in der Ukraine erlaubt seien, ohne die Zusammenhänge zu erklären. Auch das beschreiben des Medschlis als die legitime Instanz der Krimtataren wiederholt sich von Jahr zu Jahr. Das konstante weglassen von ausfüllenden und ergänzenden Informationen ist bei der «Gesellschaft für bedrohte Völker» in mehreren Publikationen sichtbar.
Auch die Mitarbeiter von Amnesty International, die die angebliche Verfolgung und Unterdrückung auf der Krim kritisieren, sprechen von einem «willkürlichen» Verbot des Medschlis,[103] ohne weitere Angaben zu machen. Laut offiziellen Stellen waren sie seit 2014 nicht mehr persönlich auf der Krim. Ihre Informationen kommen wahrscheinlich ausschließlich aus Kiew.
Human Rights House hält in seinem 36-seitigen Bericht auch Empfehlungen für die Regierung der Russischen Föderation bereit:
«(...) *Uneingeschränkte Zusammenarbeit mit allen internationalen und regionalen Überwachungsmechanismen, insbesondere mit der UN, der OSZE,*

dem Europarat und allen unabhängigen Menschenrechts-Überwachungsinitiativen. Geben Sie ihnen vollen und uneingeschränkten Zugang zur Krim und insbesondere heben Sie die Anforderung auf, ein Visum der Russischen Föderation zu besitzen, um die Krim zu besuchen.»[104]
Hierzu muss man wissen, dass jeder, der ein russisches Visum beantragt, ohne jede Einschränkung die Krim besuchen kann. Die Krim steht – ob man das nun akzeptiert oder nicht – unter russischer Kontrolle und jeder, der nach Russland einreisen will, benötigt ein Visum. Da die meisten staatsfinanzierten Organisationen, die Krim nicht als russisches, sondern als ukrainisches Territorium ansehen, weigern sie sich, ein Visum zu beantragen.[105/106] Die Empörung darüber, dass man keinen Zutritt zur Krim bekommen hat, ist daher nicht ernst zu nehmen.

Die Frage stellt sich, ob diese Organisationen einfach nur naiv sind, oder das Weglassen von Informationen zur Agenda gehört.

Es gibt aus meiner Sicht derzeit keine verlässlichen Quellen, die belegen können, dass die Rechte der Krimtataren nach der Wiedervereinigung mit Russland eingeschränkt wurden oder Übergriffe stattgefunden haben. Ganz im Gegenteil, die meisten Krimtataren sind russische Staatsbürger geworden und mit den gleichen Rechten und Pflichten wie jeder andere Bürger ausgestattet. Nach der Wiedervereinigung hat die russische Regierung mehr Interesse für die mehr als 170 Minderheiten auf der Krim gezeigt als die ukrainische Führung in den 23 Jahren zuvor. Die

Krimtataren stellen dabei mit rund 220.000 Personen die mit Abstand größte Minderheit.
Ihre Sprache wurde unter der russischen Führung neben Russisch und Ukrainisch zur Amtssprache erhoben und es wurden erhebliche finanzielle Mittel bereitgestellt, um die verschiedenen Kulturen zu fördern.

Schon im April 2014 unterzeichnete der russische Präsident Vladimir Putin eine Verordnung, die verschiedenen vertriebenen Minderheiten finanzielle Unterstützung zubilligte. Darunter fallen die Krimtataren, aber auch z.B. die Minderheiten der Deutschen, der Griechen und der Bulgaren.

Den Tataren wurde auch die Teilnahme an politischen Prozessen zugesichert.
Einer der Duma-Repräsentanten in Moskau ist der 42-jährige Krimtatar Ruslan Balbek,[107] den wir zuletzt im Juni 2018 gemeinsam mit einer norwegischen Delegation in Moskau besuchten.[108]

Balbek ist stellvertretender Vorsitzender des Komitees für Nationalitäten in der russischen Föderation und zuständig für die Anpassung der Russischen Verordnungen an die verschiedenen Minderheiten der Krim. Bereits mehrere Male haben wir uns zu Gesprächen über die Situation der Krimtataren und der anderen Minderheiten getroffen.

Bezüglich der Religion unterscheiden sich die Krimtataren von den übrigen Volksgruppen auf der Krim, die größtenteils dem christlichen Glauben angehören.

Ruslan Balbek und Hendrik Weber (Foto: Hendrik Weber)

Ihr sunnitischer Glaube wirkt wie eine gemäßigtere Form des Islam. Viele Frauen gehen ohne Kopfbedeckung aus dem Haus und leben damit nicht vergleichbar zu denen in vielen anderen Ländern mit einer strengeren Auslegung des Koran. Vertreter aus der Türkei, die enge Verbindungen zu den Krimtataren pflegen, sowie mehrere arabische Länder unterstützen die Tataren finanziell beim Aufbau von Moscheen und Gebetshäusern. Es wirkt dennoch so, als ob die Krimtataren den wahhabitischen Glauben nicht annehmen wollen.

Auf der Krim besteht eine klare Trennung zwischen Staat und Religion, so wie wir es auch von den meisten anderen westlichen Ländern kennen.

Bei einem meiner Besuche auf der Krim, zusammen mit einer norwegischen Delegation, hatten wir auch die Möglichkeit, den Mufti der Krim, Hadschi Emirali Ablajew, zu treffen. Er ist das religiöse Oberhaupt der Tataren auf der Krim und versuchte, uns die Beziehungen zwischen den Krimtataren und der überwiegend russischen Bevölkerung zu erklären. Wegen ihrer Vertreibung durch Stalin nach dem Ende des Zweiten Weltkriegs und den teilweise sehr schlechten Lebensbedingungen im Exil seien die Krimtataren noch immer misstrauisch gegenüber dem russischen Staat. Darin liege der Grund, dass viele Tataren den Medschlis bei den Demonstrationen vor dem Parlament in Simferopol im Februar 2014 unterstützt hätten.
Die ukrainische Regierung habe zwischen 1991 und 2014 keine besonderen Anstrengungen unternommen, um die Situation für die Krimtataren zu verbessern, und habe nach dem Prinzip «teile und herrsche!» regiert. Der Mufti erzählte weiter:
«Nach der Wiedervereinigung mit Russland sind unsere Lebensbedingungen deutlich verbessert worden. Ich und die meisten Krimtataren wollen nicht zurück in die Zeit unter der ukrainischen Regierung – nicht jetzt, nicht in zehn Jahren, nicht in hundert Jahren.»
Nach einem Treffen mit Präsident Vladimir Putin hatte er vier Forderungen erfüllt bekommen. 1. Ein Grundstück für eine neue Moschee (die 2020 bereits eröffnet wird); 2. Geld zum Bau der Moschee; 3. Die Möglichkeit der Pilgerreise nach Mekka für die Gläubigen; 4. Die Möglichkeit, Schulen zu eröffnen.
Auf die Frage, was er zu den Festnahmen von Krimtataren ein paar Tage zuvor sagen würde, an-

twortete er:
«Die Krimtataren müssen beiden Gesetzen folgen, den staatlichen und den islamischen.»
Er glaubte, dass diese Kriminellen nur eine Handvoll Personen ausmachen.
«Die allermeisten Krimtataren wollen mit Christen und anderen Religionen in Frieden leben.»

Es ist nicht leicht festzustellen, was sich in der Tiefe der krimtatarischen Volksseele abspielt. In jedem Fall ist es nicht vorstellbar, dass die Radikalen, vertreten durch Organisationen wie Medschlis, ihre nostalgischen Ideen von einem Khanat auf der Krim wie 1783 werden realisieren können. Ein solches Szenario würden weder die Ukraine noch Russland mittragen und auch die überwiegende Zahl der Krimtataren würde dies nicht unterstützen wollen.

Es sieht so aus, als ob Russland einen Weg gefunden hätte, die alten Wunden zu heilen und die sozialen und humanitären Interessen der Tataren ernst zu nehmen. Zudem hat Russland die politische und wirtschaftliche Macht, diese Politik über Jahre hinweg fortzusetzen.

Auch in der Türkei lebt eine große Anzahl von Krimtataren, die auch nach mehreren Generationen nach wie vor gute Verbindungen zur Krim pflegen. Der Vorsitzende der krimtatarischen Diaspora in der Türkei, Ünver Sel, der sich seit 1978 aktiv mit dem Thema beschäftigt, bestätigte mir gegenüber, dass das ganze Volk der Krimtataren für *«anti-russische Propaganda missbraucht»* werde. Jeder, der es wissen wolle, würde leicht her-

ausfinden, dass die Organisation Medschlis, auf die sich die meisten westlichen Reporter beziehen, eine fast bedeutungslose Gruppe unter den Tataren ausmache. *«Die Regierung der Ukraine nahm die Medschlis als «Partner» und kontrollierte so die anderen Krimtataren. Rechte bekamen sie jedoch nie. Es gab und gibt heute mehrere Organisationen, die die Tataren auf der Krim vertreten. Unter der russischen Regierung wurde unsere Sprache zur Amtssprache erklärt. Der TV-Sender «TV Millet» und die Radiostation «Vatan Sedasi» wurden gegründet. Russland unterstützt die Erhaltung und Entwicklung des Kulturerbes der Krimtataren. Die Restaurierung des Khan-Palastes und der großen Moschee in Bachtschissaraj sind ein solider Beweis dafür. Muslime warteten in der Ukraine jahrzehntelang auf die «Große Freitagsmoschee» in Simferopol. Zum Glück hat der Bau bereits begonnen und wird im nächsten Jahr* [2020 – Anmerkung des Autors] *fertig sein.»*
Ünver Sel ist zudem auch Vorstandsmitglied der internationalen Vereinigung «Friends of Crimea» (Freunde der Krim) und vertritt dort die Interessen der Krimtataren.
Es ist daher beklagenswert, dass der Westen unter Federführung der USA, der EU und auch Norwegens in Verbindung mit verschiedenen öffentlich finanzierten Menschenrechtsorganisationen die Gemeinschaft der Krimtataren für eine grundlose Kritik an einer positiven und vorbildlichen Politik der Regierung der Krim missbraucht.

Ich habe selten einen Ort gesehen wie die Stadt Jewpatorija ganz im äußersten Westen der Krim.

Die 2500 Jahre alte Stadt beherbergt in ihrer Altstadt, in nächster Nachbarschaft zueinander, die russisch-orthodoxe Nikolaj-Kirche, die Dschuma-Dschami-Moschee und eine jüdische Synagoge. Alle diese Gotteshäuser werden täglich aufgesucht und auch die Restaurants in der Umgebung zeugen von den verschiedensten Kulturen. Es sieht so aus, als würde ein friedliches Zusammenleben der verschiedenen Religionen in Russland und auf der Krim bereits seit Jahren funktionieren.

DIE NATO

Die NATO wurde 1949 nach dem Ende des Zweiten Weltkrieges als Verteidigungsbündnis gegründet. Zu den zwölf Gründungsnationen gehörten unter anderem die USA, Norwegen, die Niederlande, Belgien, Kanada, Dänemark, Frankreich, Island, Luxemburg, Italien, Portugal und Großbritannien. Während des Kalten Krieges kamen Griechenland, die Türkei, Westdeutschland und Spanien hinzu. Der Ostteil Deutschlands, die DDR (Deutsche Demokratische Republik), gehörte dem Gegenpol der NATO an, dem Warschauer Pakt, der 1955 gegründet, unter der Führung der Sowjetunion stand.

Der Zwei-plus-Vier-Vertrag, der 1990 in Moskau unterzeichnet wurde und am 15. März 1991 in Kraft trat, regelte die deutsche Wiedervereinigung. Vertragspartner waren auf der einen Seite die Bundesrepublik Deutschland (BRD) und die Deutsche Demokratische Republik (DDR), auf der anderen die vier Siegermächte des Zweiten Weltkrieges: die Sowjetunion, Frankreich, Großbritannien und die USA. Ein strittiger Punkt in diesem Vertrag war, ob die Deutsche Demokratische Republik nach der Wiedervereinigung mit der Bundesrepublik Deutschland Mitglied der NATO werden durfte oder ganz Deutschland neutral sein sollte. Michail Gorbatschow setzte sich als Vertreter der Sowjetunion für die deutsche Wiedervereinigung ein, lehnte aber eine Mitgliedschaft der DDR in der NATO vorerst entschieden ab. Gorbatschow ließ sich schließlich auch dadurch umstimmen, dass

ihm der amerikanische Außenminister James Baker am 7. Februar 1990 bei seinem zweitägigen Besuch in Moskau zusicherte, dass die NATO sich anschließend *«(...) keinen Inch* [Maßeinheit = 2,54 cm – Anmerkung des Autors] *weiter nach Osten (...)»*[109/110] ausweiten werde. Diese Aussage findet sich laut des Journalisten Peter Brinkmann auch in Bakers Notizblock, wobei ein Notizblock natürlich keinen bindenden Vertrag darstellt.
Diese Zusage von James Baker wird heute teilweise angezweifelt, mit dem Verweis darauf, dass es keine schriftliche Abmachung dazu gibt. Jedoch hat auch der damalige deutsche Außenminister Hans-Dietrich Genscher diese Abmachung in einem Interview bestätigt: *«Wir waren uns einig, dass nicht die Absicht besteht, das NATO-Verteidigungsgebiet auszudehnen nach Osten.»*[111]
Peter Brinkmann beschreibt in seinem Buch *«Die NATO-Expansion – Deutsche Einheit und Ost-Erweiterung»* sehr detailliert die komplexen Zusammenhänge und die verschiedenen Treffen, die im Vorfeld der Deutschen Einheit stattgefunden haben. Mehrere Male war das Thema der NATO-Erweiterung – teilweise inoffiziell – Grund für die Gespräche.

Der damalige deutsche Bundeskanzler Helmut Kohl und mehrere andere Politiker der Christlich Demokratischen Union (CDU) wollten, dass ganz Deutschland Mitglied der NATO wird, räumten aber ein, dass in Ostdeutschland nur deutsche und keine alliierten Truppen stationiert werden sollten.

Brinkmann schreibt, dass US-Präsident Bush, als er später auf die Osterweiterung der NATO angesprochen wurde, gesagt haben soll: *«Zur Hölle damit! Wir haben gesiegt.»*[112]

Trotz der Abmachung erweiterte sich die NATO nach dem Ende des Kalten Krieges um weitere 13 Länder Richtung Osten. 1999 kamen Polen, Tschechien sowie Ungarn hinzu, 2004 Bulgarien und die baltischen Staaten Estland, Lettland und Litauen, zudem Rumänien, Slowenien und die Slowakei. Albanien und Kroatien folgten 2009 und Montenegro 2017. Demnach hat die NATO derzeit 29 Mitgliedsstaaten. Michail Gorbatschow beklagte daraufhin in einem Interview mit der deutschen Bildzeitung im April 2009 den Bruch der Vereinbarung: *«Kohl* [ehemaliger deutscher Bundeskanzler – Anmerkung des Autors], *US-Außenminister James Baker und andere sicherten mir zu, dass die NATO sich keinen Zentimeter nach Osten bewegen würde. Daran haben sich die Amerikaner nicht gehalten und den Deutschen war es gleichgültig. Vielleicht haben sie sich sogar die Hände gerieben, wie toll man die Russen über den Tisch gezogen hat. Was hat es gebracht? Nur, dass die Russen westlichen Versprechungen nun nicht mehr trauen (…).»*[113] Man kann darüber spekulieren, warum diese Vereinbarung damals von Gorbatschow nicht schriftlich fixiert wurde. Allerdings ist denkbar, dass nach Ende des Kalten Krieges, in dem sich die Blöcke über Jahrzehnte mit Atomwaffen gegenüberstanden, nun auf beiden Seiten eine vertrauensvollere Stimmung herrschte. Die Frage bleibt, ob sich die USA bei Vorhandensein eines schriftlichen Vertrages auch bis zum heutigen Tag an diesen gehalten hätten. Ein wie auch immer gestalteter Vertrag wäre zwischen den USA und der Sowjetunion abgeschlossen worden. Die Sowjetunion löste sich jedoch im Dezember 1991 durch die Unterzeichnung des Vertrages von Minsk auf, wodurch die USA einen Vorwand gehabt hätten, aus einem eventuell zwischen den USA und der Sowjetunion geschlossenen Vertrag auszusteigen, bzw. ihn als nichtig zu erklären.

Russland als Nachfolger der Sowjetunion sieht die Osterweiterung der NATO als Bedrohung für die eigene Sicherheit und fragt zu Recht, gegen wen sich diese Länder verteidigen wollen, wenn sie eine Mitgliedschaft in der NATO anstreben. Die Antwort der NATO ist stets dieselbe. Sie verweist darauf, dass es jedem Land freigestellt ist, um eine Mitgliedschaft zu ersuchen. Diese Aussage ist richtig, allerdings ist es die NATO, die einem Gesuch zustimmen muss, diesen aber auch ablehnen könnte. Russland hat nach dem Zerfall der Sowjetunion und der Auflösung des Warschauer Paktes 1991 mehrmals eine Zusammenarbeit in Fragen der europäischen Sicherheit angeboten, wurde aber nicht gehört. Besonders Vladimir Putin hat von Beginn seiner Präsidentschaft an für eine enge Partnerschaft, speziell mit Deutschland geworben.[114]

Spätestens mit dem völkerrechtlich nicht gedeckten Angriffskrieg gegen Serbien, der am 24. März 1999 ohne UNO-Mandat begann und unter anderem mit dem angeblichen Vorhandensein von Konzentrationslagern in Jugoslawien[115] gerechtfertigt wurde, hat sich die NATO von einem Verteidigungsbündnis zu einem Interventionsbündnis gewandelt. Auf der offiziellen Internetseite der NATO wird in blumigen Worten erklärt: «*Sicherheit in unserem täglichen Leben ist der Schlüssel zu unserem Wohlbefinden. Ziel der NATO ist es, die Freiheit und Sicherheit ihrer Mitglieder durch politische und militärische Mittel zu gewährleisten.*»[116] Dass der Krieg gegen Serbien weniger mit dem ausgeprägten Gerechtigkeitssinn der USA oder Europas für unterdrückte Völker als vielmehr mit konkreten geopolitischen Überlegungen einherging, beschreibt der Oberstleutnant der Bundeswehr a. D. Jochen Scholz in einem Artikel so:

«*(...) Die geopolitischen und geostrategischen Hintergründe des Völkerrechtsverbrechens gegen Serbien haben sich mir hingegen erst später, nach meiner Pensionierung im Jahr 2000, erschlossen. Dieser Krieg sollte geführt werden. Alle ernstgemeinten Überlegungen, ihn zu verhindern, waren deswegen von vornherein zum Scheitern verurteilt. Die Bundesrepublik Jugoslawien wurde von den USA nach dem Ende des Ost-West-Konfliktes nicht mehr benötigt, sie war überflüssig geworden und brauchte als blockfreier Staat nicht mehr politisch-diplomatisch gepflegt zu werden. Ihr Wirtschaftsmodell der Arbeiter-Selbstverwaltung stand der neoliberal ausgerichteten Transformation der ehemals sozialistischen Staaten im Weg. Vor allem jedoch ging es den USA darum, unter Revitalisierung von Halford Mackinders «Herzlandtheorie» (1904) die Voraussetzungen dafür zu schaffen, mit der Kontrolle Osteuropas die Kontrolle ebendieses Herzlandes perspektivisch zu erreichen, das im Wesentlichen identisch ist mit der heutigen Russischen Föderation und Teilen Chinas (...).»*[117]

Seit 2016 ist der NATO-Etat insgesamt stetig um ca. 6 Prozent pro Jahr gestiegen und erreicht im Jahr 2019 einen Stand von 250,5 Millionen Euro für den zivilen und fast 1,4 Milliarden Euro[118] für den militärischen Bereich. Der zivile Bereich umfasst dabei das NATO-Hauptquartier in Brüssel, der militärische Bereich die vorhandenen Befehls- und Kontrollstrukturen. Der ehemalige norwegische Staatsminister und jetzige NATO-Generalsekretär Jens Stoltenberg sagte dazu:
«Die Welt verändert sich, und die NATO passt sich an. Die Verbündeten investieren in die NATO, um die Herausforderungen unserer Zeit anzugehen, darunter Cyber- und Hybridbedrohungen, ein durchsetzungsfähigeres Russland und Instabilität im Nahen Osten und Nordafrika. Die NATO hat sich verpflichtet, dafür zu sorgen, dass wir unsere Völker weiterhin sichern, und zwar in einer Weise, die sowohl effektiv als auch finanziell verantwortlich ist.»[119]

Beim NATO-Gipfeltreffen 2002 wurde vereinbart, dass alle Mitgliedsländer ihren Beitrag bzw. den Rüstungshaushalt auf mindestens 2 Prozent des jeweiligen BIP (Bruttoinlandsproduktes) anheben sollen. 2017 erreichten lediglich die USA, Griechenland, Estland, Lettland und Großbritannien dieses Ziel.[120] Norwegen liegt nach Angaben der NATO bei 1,62 Prozent und Deutschland bei 1,24 Prozent des BIP. Anfang 2019 legte Deutschland seinen sogenannten *«Strategic Level Re-*

port» vor, in dem das Land eine Erhöhung der NATO-Ausgaben auf 1,5 Prozent des BIP angekündigt hat. Bis 2024 soll der deutsche Verteidigungshaushalt von 43 Milliarden auf gut 60 Milliarden Euro steigen.[121] Im Vergleich dazu hat der Deutsche Bundestag am 23. November 2018 den Staatshaushalt für 2019 beschlossen, in dem der Etat des Bundesministeriums für Bildung und Forschung (BMBF) mit rund 18,3 Milliarden Euro erscheint.[122] Damit würde der Gesamtbetrag, der in Deutschland pro Jahr für Bildung und Forschung ausgegeben wird, bei gerade einmal einem Drittel der Rüstungsausgaben liegen.
Der Schweizer Historiker Dr. Daniele Ganser verweist in seinen Vorträgen oft darauf, dass das 2-Prozent-Ziel der NATO-Mitgliedsländer die reellen Ausgaben verschleiert. Den Menschen erscheinen 2 Prozent nicht so viel wie die gewaltige Summe von 60 Milliarden Euro.

Generell ist die Verbindung zwischen BIP und Rüstungsausgaben sehr fragwürdig. Ein Land wie Griechenland gilt als Musterland. Übersehen wird dabei schnell, dass Griechenland ein schrumpfendes Bruttoinlandsprodukt hatte und kurz vor dem Staatsbankrott stand und die Verteidigungsausgaben nicht im selben Mass zurückgefahren wurden. Bei wachsendem BIP stehen die Länder dagegen immer schlechter dar, weil die Rüstungsausgaben oft gar nicht so schnell mitwachsen können, egal wie viel das Land bereits für Rüstung ausgibt.

Die Situation in Norwegen sieht nur geringfügig anders aus. Die Verteidigungsausgaben lagen 2018 bei 5,6 Milliarden Euro. Norwegen soll nach Plan der Regierung 52 Kampfflugzeuge vom Typ

F-35 des amerikanischen Herstellers Lockheed Martin kaufen. Die Ausgaben für die Anschaffung und die laufenden Kosten werden bis zum Jahr 2054 mit 26,6 Milliarden Euro kalkuliert[123] und sind damit die größte Investition, die der norwegische Staat jemals getätigt hat. Am 15. Juni 2012 sagte der damalige norwegische Verteidigungsminister der Arbeiterpartei (Schwesterpartei der SPD):

«Ich habe beschlossen, die größte öffentliche Anschaffung in der norwegischen Geschichte zu tätigen: Der Kauf von F-35 als unser neues Kampf-flug-zeug.»[124]

Von Norwegens Presse wurde diese Ankündigung als *«ein norwegisches Produkt»* gefeiert, weil ein norwegischer Konzern, die Kongsberg-Gruppe, das Raketensystem zum Flugzeug liefern wird. Die Presse verschwieg allerdings, dass lediglich die nach Norwegen gelieferten Modelle dieses System bekommen sollen. Der Preis der Investition war nach Aussagen der Reporterin noch unklar. Gleichzeitig bauen die Amerikaner ein neues Spionageradar in Nordnorwegen. Das «Globus-System» sendet seine Daten direkt zur US-Kommandostelle, die die Verfügungsgewalt über die Nuklearraketen hat.

Es lässt sich vortrefflich darüber streiten, ob diese Verträge dazu beigetragen haben, den ehemaligen norwegischen Staatsminister der Arbeiterpartei, Jens Stoltenberg, nach seiner Amtszeit auf den Sessel des NATO-Generalsekretärs zu hieven. Man kann davon ausgehen, dass es ihm – auch in Verbindung mit der norwegischen Beteiligung am Angriff auf Libyen und der Vorbereitung zur Stationierung amerikanischer Soldaten auf norwegischem Territorium – jedenfalls nicht geschadet hat.

Rechnet man die Verteidigungsausgaben der 29 NATO-Länder zusammen, kommt man auf die astronomische Summe von rund 1.000 Milliarden Euro, die jährlich allein für die Rüstung der NATO-Mitgliedsstaaten aufgewendet wird. Die weltweiten Militärausgaben lagen 2017 infolge Sipri (Friedensforschungsinstitut Stockholm) bei über 1.533 Milliarden Euro.[125] Mehr als ein Drittel dieser Summe entfällt dabei allein auf die USA. Russland, das oft als eine der großen Bedrohungen des Weltfriedens dargestellt wird, gibt für sein Militär jährlich rund 58 Milliarden Euro aus. Allein dieser Unterschied zwischen den Verteidigungshaushalten der NATO-Länder auf der einen, und Russland auf der anderen Seite sollte deutlich machen, wer die größere Bedrohung für den Weltfrieden darstellt.

Die NATO, und allen voran die USA, drängt darauf, dass die Mitgliedsstaaten der Allianz ihre Militärausgaben und damit einhergehend auch die NATO-Beiträge in den nächsten Jahren gewaltig anheben. Washington möchte außerdem die Kosten für die im Ausland stationierten US-Truppen auf irgendeine Art und Weise decken. Präsident Donald Trump erwägt daher, den Ländern, in denen US-Soldaten stationiert sind, die Kosten dafür in Rechnung zu stellen.[126] Die Länder sollen für diesen «Schutz» durch die US-Truppen bezahlen. Somit würden die USA ihre Streitkräfte in eine Art Söldnertruppe verwandeln, die gegen Bezahlung militärische Unterstützung bietet. Zusammen mit dem militärisch-industriellen Komplex der USA – den Rüstungsunternehmen – sieht die US-Regierung darin eine Möglichkeit, ihre miserable Haushaltslage sowie die immensen Kosten für die Stationierung der rund 250.000 US-Soldaten[127] und zivilen Mitarbeiter im Ausland abzufedern.

Im Vergleich zu den gewaltigen Militärausgaben betrugen die weltweiten Zahlungen für Entwicklungshilfe im Jahr 2016 laut UN rund 28 Milliarden Euro.[128] Die OECD (Organisation für wirtschaftliche Zusammenarbeit und Entwicklung) gibt die Kosten für die Entwicklungszusammenarbeit der Geberländer 2017 mit 132 Milliarden[129] Euro an. Dabei ist die EU nach eigenen Angaben zusammen mit ihren Mitgliedsländern und einem Betrag von 74,4 Milliarden Euro (2018) weltweit der größte Unterstützer humanitärer Hilfe. Selbst wenn man die verhältnismäßig hohe Summe der OECD als Rechengrundlage nimmt, macht dieser Betrag nicht einmal 10 Prozent der weltweiten militärischen Ausgaben aus. Das bedeutet, dass die internationale Staatengemeinschaft weltweit nur 132 Milliarden Euro für humanitäre Hilfe aufwendet, während für militärische Zwecke über 1.533 Milliarden Euro ausgegeben werden. Es stellt sich die Frage, ob diese immensen Summen wirklich gebraucht werden, um uns zu verteidigen und wenn ja, gegen wen? Russland sieht sich durch das stetig steigende NATO-Budget und die NATO-Osterweiterung in seiner Sicherheit bedroht. Vergleicht man die Ausgaben, stellt sich die Frage, wer hier wen bedroht. Wer rüstet gegen wen auf? Kann die Aufrüstung der NATO und das Verschieben von Truppen an die russische Grenze einzig und allein mit der angeblich gestiegenen «Aggression» Russlands begründet werden?

Profiteur dieser enormen Summen ist nicht zuletzt die Rüstungsindustrie, die goldenen Zeiten entgegensieht. Allein fünf der sechs größten Rüstungskonzerne der Welt sind in den USA angesiedelt. Die private Waffenindustrie macht einen erheblichen Teil der amerikanischen Wirtschaft aus. In ihr werden Hunderttausende von Menschen beschäftigt. Allein der US-Rüstungskonzern Lockheed Martin erwirtschaftete 2015 einen Umsatz von 35 Milliarden Euro. Auf seiner Internetseite versucht der Konzern, sein Image auch in Europa zu verbessern, indem er beschreibt, wie viele Arbeitsplätze er geschaffen hat und wie viel Geld auch in Europa investiert wurde.[130] Eine zynische Strategie eines Waffenproduzenten, der überteuerte Fluggeräte anbietet.
Bereits der frühere amerikanische Präsident Dwight D. Eisenhower hatte 1961 vor der Macht und dem Einfluss des militärisch-industriellen Komplexes gewarnt.[131/132] Er sprach in seiner Rede von der Gefahr, dass sich Rüstungskonzerne durch ökonomische Stärke und ihren direkten Kontakt mit dem Regierungsapparat auch politische Macht und Einfluss sichern könnten. Im Jahr 2019 scheint sich niemand mehr daran zu erinnern. Die Rüstungskonzerne, deren Berater und Lobby-Unternehmen haben ihre Büros oft in unmittelbarer Nähe zu den jeweiligen Regierungsgebäuden und die Bürger scheinen die Ausgaben für Rüstung trotz Kürzungen bei Sozialleistungen, Renten und anderen staatlichen Dienstleistungen nicht besonders zu interessieren.

Nach eigenen Angaben will die NATO *«Frieden und Stabilität schaffen»* und den Aufbau von Demokratie fördern. Zu diesem Zweck sind aktuell rund 20 000 NATO-Soldaten *«out of area»* im Einsatz.[133] Da die NATO als reines Verteidigungsbündnis gegründet wurde, entspricht das eigentlich nicht ihren Aufgaben. In Afghanistan, das nach den Anschlägen auf das World Trade Center 2001 von den USA und ihren Verbündeten angegriffen wurde, ist die NATO bereits seit 18 Jahren im Einsatz.[134] Erst der ehemalige deutsche Verteidigungsminister Peter Struck hat es für das gemeine Wahlvolk formuliert, indem er sagte: *«Unsere Sicherheit wird auch am Hindukusch verteidigt.»* [135]Damit diese Aussage stimmt, müsste Afghanistan einen NATO-Bündnispartner angegriffen haben.

Zudem ist die NATO auch in Afrika, im Kosovo, im Mittelmeer und in der Ukraine im Militäreinsatz. Die Zusammenarbeit mit der Ukraine beschreibt die NATO auf ihren Internetseiten folgendermaßen: *«Eine souveräne, unabhängige und stabile Ukraine, die sich fest für Demokratie und Rechtsstaatlichkeit einsetzt, ist der Schlüssel zur euro-atlantischen Sicherheit. Die Beziehungen zwischen der NATO und der Ukraine reichen bis in die frühen 1990er-Jahre zurück und haben sich seitdem zu einer der bedeutendsten Nato-Partnerschaften entwickelt. Seit 2014, im Zuge des Russland-Ukraine-Konflikts, wurde die Zusammenarbeit in kritischen Bereichen intensiviert.»* Weiter heißt es: *«Priorität hat die Unterstützung einer umfassenden Reform im Sicherheits- und Verteidigungssektor, die für die demokratische Entwicklung der Ukraine und für die Stärkung ihrer Verteidigungsfähigkeit von entscheidender Bedeutung ist. (...) Seit dem*

NATO-Gipfel in Warschau im Juli 2016 wurde die praktische Unterstützung der NATO für die Ukraine im Rahmen des umfassenden Hilfspakets für die Ukraine subsumiert. Im Juni 2017 verabschiedete das ukrainische Parlament Gesetze zur Wiedereinführung der Mitgliedschaft in der NATO als strategisches außen- und sicherheitspolitisches Ziel.»[136]

Diese Formulierung erinnert an Artikel 10 des Assoziierungsabkommens, das die EU mit der Ukraine abgeschlossen hat, nachdem die Regierung Janukowitsch aus dem Amt geputscht worden war. Die Sorge und das Misstrauen Russlands müssten für jedermann verständlich sein, wenn man die bereits bestehende und die beabsichtigte Zusammenarbeit sowie die angestrebte Vollmitgliedschaft der Ukraine in der NATO betrachtet.
Das US-Militär unterstützt die ukrainische Armee ganz offiziell und verlieh sogar Orden an Soldaten der ukrainischen Streitkräfte, die in der Ostukraine gekämpft haben.

Als hätte die NATO ein schlechtes Gewissen, verteidigt sie sich auf ihrer Internetseite rhetorisch geschickt gegen die «*Mythen*», die ihr im Zusammenhang mit Russland oft vorgeworfen werden. Karten des eurasischen Kontinentes werden gezeigt, auf denen markiert ist, wo NATO-Mitgliedsstaaten an die russische Grenze stoßen. Das soll dem unbedarften und unwissenden Betrachter verdeutlichen, dass die NATO Russland nicht einkreist und umzingelt, wie es vonseiten der NATO-Gegner oft behauptet wird. Ein anderes Beispiel ist die wohlformulierte Aussage, «*Russland habe das Recht, eine 100-Prozent-Garantie zu fordern, dass die Ukraine nicht Mitglied der NATO wird.»*[137] Auf der Internetseite wird erklärt, dass Russland eine solche Garantie nicht verlangen könne und dass es jedem Land freigestellt sei, um eine NATO-Mitgliedschaft zu ersuchen. Diese Aussage bestreitet niemand. Trotzdem hat jedes Land eine Menge an Auflagen zu erfüllen, um Mitglied der Allianz zu werden. Zudem ist es die NATO, die der Aufnahme zustimmen muss. Um den Frieden in Europa und der Welt zu sichern, könnte das Bündnis im Fall der Ukraine anders reagieren und Russland gegenüber in diesem Punkt gewisse Zugeständnisse machen, was es aber leider nicht tut. Durch die geschickte Formulierung der Aussage *«Russland habe das Recht (…), eine Garantie zu fordern (…)»* ist die Antwort einfach. Diese Frage stellt sich aber so gar nicht. Vielleicht wäre es ganz einfach klug von der NATO, ein solches Angebot zumindest zu formulieren und Russland somit einen kleinen Schritt entgegenzukommen.

Es sieht nicht so aus, als ob Jens Stoltenberg als NATO-Generalsekretär die Absicht hat, mit Russland ins Gespräch zu kommen. Stoltenberg, der in seiner Studentenzeit für den Austritt Norwegens aus der Allianz und gegen Atomwaffen gekämpft hat,[138] hat sich um 180 Grad gedreht und ist zum willigen Gehilfen Washingtons geworden. Anstatt sich nach dem Ende des Warschauer Paktes ebenfalls aufzulösen, hat sich die NATO seit dem ersten völkerrechtswidrigen Angriffskrieg in Jugoslawien von einer Verteidigungs- zu einer Interventionsallianz gewandelt und baut dies immer weiter aus.

DIE VOLKSREPUBLIK DONEZK

In diesem Buch geht es hauptsächlich um die Ereignisse auf der Krim im Jahr 2014 und die sich daraus ergebenden Folgen. Der Krieg in der Ostukraine und die Abspaltung der beiden selbsternannten Volksrepubliken Donezk und Lugansk spielen aber eine wichtige Rolle, um den Zusammenhang zu verstehen. Daher möchte ich in diesem Kapitel darauf eingehen.

Die Proteste auf dem Maidan und die anschließende illegale Machtübernahme in Kiew führten nicht nur bei der Bevölkerung der Krim zu Reaktionen, sondern gleichzeitig auch bei der im Osten der Ukraine, in den hauptsächlich russischsprachigen Oblasten Lugansk und Donezk. Da ich die Volksrepublik Donezk in den Jahren 2018 und 2019 mehrmals besucht habe, möchte ich mich auf dieses Gebiet beschränken.
Die Stadt Donezk, die nun die Hauptstadt der selbsternannten Volksrepublik ist, wurde 1917 zur Stadt erhoben, aber erst 1961 in Donezk umbenannt. Die Stadt sowie das gesamte Gebiet leben seit etwa 1770 vom Kohleabbau und der Stahlindustrie. Zu Zeiten der Sowjetunion war der Donbass bzw. das Donezkbecken – zu dem geografisch auch Teile des heutigen Russlands gehören – das industrielle Herzstück der Sowjetunion. Noch immer bestimmen hier die Schwerindustrie, der Maschinenbau, die Elektro- und die chemische Industrie die Wirtschaft, während im weiteren Umland die Agrarwirtschaft dominiert.

Der Donbass ist flach, kaum bewaldet und bietet landschaftlich wenig Abwechslung. Die höchste Erhebung ist gerade einmal 278 Meter hoch. In den größeren Städten und um sie herum dominieren Schornsteine und Zechentürme den Horizont, und in den Bergarbeitersiedlungen stehen kleine, oft eingeschossige Häuser mit Walmdächern aus Eternitplatten. Die Grundstücke sind eingezäunt und in den Hinterhöfen stehen Lagerschuppen oder Garagen, und fast alle Häuser haben einen eigenen kleinen Gemüsegarten und Obstbäume.
Die Stadt Donezk, die im Zweiten Weltkrieg vollständig zerstört wurde, ist im sowjetischen Stil am Reißbrett geplant, neu aufgebaut worden. Dieser Einfluss mit breiten Straßen und Siedlungen mit den typischen Wohnblöcken ist unübersehbar. Donezk gehörte schon früh zu den Städten der Ukraine, in denen überwiegend Russisch gesprochen wird. Einer Umfrage von 2011 zufolge sprechen 87 Prozent der Befragten im Alltag überwiegend russisch.

Im Sommer ist Donezk eine sehr grüne Stadt. Vielleicht gerade wegen des anhaltenden Krieges bemühen sich die Einwohner besonders, eine gewisse Normalität aufrechtzuerhalten. Die Stadt bezeichnet sich selbst auch als «Stadt der Millionen Rosen».

Die Einwohnerzahl von Donezk ist von 1910 bis 2014 von 48 000 auf fast eine Million angewachsen. Laut DPR (Donetsk People´s Republic) ist die Zahl der Bewohner der Stadt Donezk seit 2014 auf fast die Hälfte geschrumpft. In der gesamten Volksrepublik leben zurzeit 2,3 Millionen Menschen auf 8.600 Quadratkilometern Fläche.

Der noch immer andauernde Krieg in der Ostukraine, in dem die sogenannten pro-russischen Separatisten für eine Abspaltung der beiden Oblaste Donezk und Lugansk kämpften, begann im Februar 2014.

Der Auslöser der Ereignisse in der Ostukraine ist dabei mit denen auf der Krim vergleichbar, wenngleich die Situation und der Ausgangspunkt unterschiedlich sind. Die Menschen in den östlichen Landesteilen und in den hauptsächlich russischsprachigen Oblasten Lugansk und Donezk hatten Angst davor, was in ihrer Region geschehen würde, wenn die Nationalisten und Faschisten aus Kiew zu ihnen kommen würden. Die Fernsehbilder von gewalttätigen Gruppen von Jugendlichen, die Jagd auf russischsprachige Bürger machten, und die Gewalttaten auf dem Maidan sowie die zahlreichen Toten im Gewerkschaftshaus in Odessa, die auf das Konto von Rechtsradikalen und Nationalisten gingen, haben sich tief ins Gedächtnis der Menschen eingebrannt.
Hinzu kam die unrechtmäßige Absetzung des Präsidenten und die sofortige einseitige Unterstützung der westlichen Staatengemeinschaft für die neue illegale Regierung in Kiew, an der offensichtlich rechtsextreme Parteien und Personen beteiligt waren.
Fernsehbilder ukrainischer Soldaten mit Hakenkreuzen und SS-Runen auf ihren Stahlhelmen schafften es, von den Moderatoren unkommentiert, sogar in deutschen Hauptnachrichtensendungen.[139]
Die Spaltung der Bevölkerung der Ukraine in Ost und West ist allerdings nicht neu und hat sich

auch in den Jahren seit der ukrainischen Unabhängigkeit 1991 nicht wesentlich verbessert.
Während die Westukraine nach Europa strebt, ist die Ostukraine fest mit der russischen Kultur und Geschichte verbunden und verkörpert noch heute einen Sowjetpatriotismus, dem folgend harte Arbeit noch etwas zählt und traditionelle Werte hoch angesehen sind.

Was wissen wir eigentlich über den Donbass und die Menschen, die dort leben? Das, was die meisten gehört haben, ist, dass Russland mithilfe von Söldnern und eigenen Soldaten einen Krieg gegen Kiew zur Destabilisierung der Ukraine führt. Doch in unseren Medien werden die tatsächlichen Zusammenhänge nur selten thematisiert. Ein Grund dafür mag sein, dass die beiden Republiken westlichen Reportern gegenüber sehr skeptisch sind, aus der Befürchtung heraus, ohnehin als Schuldige in diesem Konflikt dargestellt zu werden. Der zweite Grund ist, dass es sich nach wie vor um ein Kriegsgebiet handelt, in dem auch jetzt noch, im Jahr 2019, täglich Kampfhandlungen stattfinden. Ein dritter Grund ist allerdings nachweislich auch, dass westliche Reporter bzw. deren Redaktionen vor einer Reise aus politischen Gründen zurückschrecken. Ein solches Beispiel habe ich in Norwegen selbst erlebt, als eine bereits geplante Reise mit verschiedenen hochrangigen Interviews im letzten Moment von der Chefredaktion abgesagt wurde.
In Europa gibt es zahlreiche Familien, die ihre Angehörigen in diesen Gebieten regelmäßig besuchen und dafür auch durch die Ukraine über die Frontlinie in die DPR oder LPR (Lugansk People's Republik) einreisen. Das Gleiche gilt für die Gren-

zen zwischen den beiden selbsternannten Republiken und Russland. Mit einem russischen Multivisum ist es durchaus möglich, in die Republiken einzureisen, allerdings sollte man zumindest etwas Russisch beherrschen, denn an europäische Ausländer und Touristen ist man an diesen Grenzstationen nicht gewöhnt.
Westliche Medien hätten also durchaus die Möglichkeit, direkte Informationen aus den umkämpften Gebieten zu bekommen, sind aber anscheinend nicht wirklich daran interessiert.

Ich möchte die Ereignisse, die zu dem bewaffneten Konflikt in Donezk geführt haben, chronologisch anhand zweier Bücher beschreiben, die ich bei meinen Besuchen von der Außenministerin der Volksrepublik Donezk, Natalija Nikonorowa, erhalten habe. Die Titel dieser Bücher, die auf Englisch und Russisch erschienen sind, lauten: «Chronical of Alive 2014–2016 – Donetsk People's Republic» und «Chronik und Schicksal».[140/141]

Dass die Bücher die Sichtweise der Regierung der Volksrepublik Donezk widerspiegeln, ist selbstverständlich. Allerdings lohnt es sich wie immer, die Dinge von zwei Seiten zu betrachten, um sich ein umfassendes Urteil bilden zu können. Ob man dem Inhalt der Bücher Glauben schenken will oder nicht, sei jedem selbst überlassen. Sie ermöglichen jedenfalls eine andere Sichtweise als die, die uns von den Medien oft vorgesetzt wird.

Im Vorwort des einen Buches heißt es:
«Im Frühjahr 2014 kam ein Krieg in die friedliche Region des Donbass. Angst, Schrecken,

Schmerzen, Leiden und Zerstörung sind für jeden Bewohner dieser dicht besiedelten und entwickelten Region alltäglich geworden. Seit über zwei Jahren gibt es immer noch lauten Artillerie-Beschuss der APU (Bewaffnete Formationen der Ukraine). Die ukrainischen Behörden setzen den Bruderkrieg fort und bombardieren die Zivilisten der Volksrepublik Donezk. Die aktuelle ukrainische Regierung verfolgt eine Strategie der Ausrottung.
Dieses Buch soll das wahre Bild zeigen von dem, was im Donbass geschehen ist – als eine Art Appell an die internationale Gemeinschaft, auf die Situation in der Volksrepublik Donezk aufmerksam zu machen, wo Millionen von Bürgern lediglich auf Ruhe und Frieden hoffen.
Dieses Buch bietet nicht nur die Chronologie der Gründung der Volksrepublik Donezk, sondern zeigt auch die gewaltigen Verbrechen der ukrainischen Behörden gegen die Menschen im Donbass, die noch immer schwere Zeiten erleben.
Anfang 2014 gab es einen bewaffneten Staatsstreich in der Ukraine und politisches Chaos mit dramatischen Ausmaßen. Die Machtübernahme wurde von den ukrainischen Bürgern verurteilt. Sie gingen auf die Straßen ihrer Städte und forderten die Wiederherstellung der Ordnung im Staat. Vertreter verschiedener Parteien, darunter rechtsradikale, die unrechtmäßig an die Macht gekommen waren, wählten die Taktik, uns alle zu ignorieren. Kiew hat die Menschen im Donbass nicht gehört. Diese Vernachlässigung der Übergangsregierung verstärkte nur unseren Protest. Als das erste Blut von friedlichen Demonstranten vergossen wurde,

entstand der Wunsch nach einem unabhängigen Staat. Am 11. Mai 2014 wurde ein Referendum abgehalten und 89,7 Prozent der Bürger entschieden sich für eine unabhängige Volksrepublik Donezk. Dieses Referendum war ein Ausdruck des Volkswillens, um unsere Rechte und unsere Freiheit zu schützen. Das hat jedoch die ukrainischen Behörden nicht abgeschreckt, ihre Anti-Terror-Operation – in Wahrheit ein Krieg – gegen die Bevölkerung der Volksrepubliken Donezk und Lugansk fortzusetzen.»

Die Bücher fahren fort mit der Chronologie der Ereignisse an den einzelnen Tagen im Frühjahr 2014. Um die Zusammenhänge besser zu verstehen und um die fehlenden Bilder zu kompensieren, habe ich an der einen oder anderen Stelle eigene Ergänzungen gemacht.

09. Januar 2014
Rund 15 Personen kommen zum Taras Shevchenko-Denkmal im Zentrum von Donezk und protestieren gegen Faschismus in der ukrainischen Politik.

19. Januar 2014
Unterstützer des Anti-Maidan in Donezk demonstrieren gegen den Staatsstreich bei den lokalen Euromaidan-Protesten.

22. Januar 2014
Weitere Kundgebungen zur Unterstützung des ukrainischen Präsidenten Viktor Janukowitsch finden am Denkmal im Zentrum von Donezk statt.

25.–27. Januar 2014
Bergarbeiter, Kosaken und Veteranen des Donbass kommen, um die regionale Verwaltung von Donezk vor den «Banditen» zu beschützen.

11. Februar 2014
Die Vereinigung «Verteidiger von Donezk» wird gegründet. Ihre Teilnehmer unterstützen die verfassungsmäßige Ordnung der Ukraine sowie ein Verbot von extremistischen Bewegungen.

27. Februar 2014
Eine Zeltstadt bestehend aus zehn Zelten wird auf dem Lenin-Platz aufgestellt. Es versammeln sich die «Verteidiger des Denkmals» und die Gegner des Faschismus, der in Kiew Fuß gefasst hat.

28. Februar 2014
Obwohl es nicht erlaubt ist, ergreift der Aktivist Pawel Gubarew im kommunalen Rat von Donezk das Wort und stellt die Forderung, dass die Abgeordneten die neue illegale Regierung in Kiew nicht anerkennen sollen.

01. März 2014
Mehr als 7.000 Menschen nehmen an einer Kundgebung am Lenin-Denkmal zu Ehren der in Kiew getöteten Berkut-Soldaten teil und unterstützen die Politik der Regierung der Krim. Dann marschieren Tausende vom Lenin-Platz zum regionalen Parlament. Auf den Stufen vor dem Parlament fordert Gubarew ein Referendum und Neuwahlen.

03. März 2014
Mehrere tausend Menschen halten eine Kundgebung in der Nähe des Parlamentes in Donezk.

Pawel Gubarew übergibt den Abgeordneten eine Liste mit den Forderungen des Volkes. Das neue Parlament in Kiew und die Minister sollten nicht anerkannt werden. Am Nachmittag besetzen die Demonstranten einen kleinen Sitzungssaal in der zweiten Etage des Gebäudes. Pawel Gubarew wird verhaftet.

15. März 2014
Bei einer Demonstration am Lenin-Platz fordern die Demonstranten, die russische Sprache als Amtssprache einzuführen. Nach der Kundgebung ziehen die Demonstranten zum Gebäude des ukrainischen Geheimdienstes SBU und fordern die Freilassung von Pawel Gubarew. Nach einem Gespräch mit dem Chef des regionalen SBU (Ukrainischer Geheimdienst) machten die Demonstranten den Versuch, das Gebäude zu stürmen.

23. März 2014
Tausende Demonstranten auf dem Lenin-Platz fordern ein Referendum am 25. Mai über den Status der Region Donezk. Es wird zudem die Rede vom Premierminister der Krim, Sergey Aksyonov, für die Menschen im Südosten der Ukraine auf der Bühne verlesen.

06. April 2014
Aktivisten stürmen das Gebäude der regionalen Verwaltung und hissen die russische Flagge. Sie beginnen, improvisierte Barrikaden aus Reifen, Sandsäcken und Schrott zu errichten.

07. April 2014
Bei der Sitzung der regionalen Verwaltung in Donezk verkündete der Abgeordnete Vladimir Mako-

wicz die Souveränität und die Unabhängigkeit der Volksrepublik Donezk.

10. April 2014
Denis Puschilin erklärt den Journalisten die Gründung der Volksarmee der DPR (Donetsk People´s Republik). Die Demonstranten in der Nähe der ukrainischen Militäreinheiten fordern die Soldaten auf, keine strafbaren Handlungen zu begehen und sich dem Volk anzuschließen.

13. April 2014
In Slaviansk (rund 150 km nördlich von Donezk) beginnt der SBU mit Operationen gegen die Anhänger der Volksrepublik Donezk. Es wird eine Freiwilligen-Miliz in der Regionalverwaltung von Slaviansk gegründet. Es sind hauptsächlich Bergleute mit Helmen und Brechstangen. Der 29-jährige Ruben Avanesyan wird durch einen Schuss getötet. Er ist das erste Opfer der Volksmiliz in der Volksrepublik Donezk.

14. April 2014
In Kiew unterzeichnet Alexander Turchynov einen Erlass zu einer «Anti-Terror-Operation» in der Ostukraine.

16. April 2014
Die Vertreter der Organisation «Oplot» unter Leitung von Alexander Zakharchenko bringen den Stadtrat von Donezk unter ihre Kontrolle und fordern ein Referendum am 11. Mai über den Status der Region Donezk.
Ein MIG29-Kampfflugzeug der ukrainischen Streitkräfte fliegt über die Stadt.

24. April 2014
Die sogenannte Anti-Terror-Operation der ukrainischen Regierung beginnt in Slaviansk.

01. Mai 2014
Die Kundgebungen zum 01. Mai (Tag der Arbeit) finden auf dem Lenin-Platz in Donezk statt.

02. Mai 2014
In Odessa verbrennen aufgrund von Brandstiftung ukrainischer Nationalisten fast 70 Anti-Maidan-Protestler im Haus der Gewerkschaft.

03. Mai 2014
Nach den dramatischen Ereignissen in Odessa registrieren sich viele Freiwillige bei der Volksmiliz in Donezk.

08. Mai 2014
Die Abgeordneten des obersten Rates der Volksrepublik beschließen, das Datum des Referendums am 11. Mai zu belassen.

09. Mai 2014
Als Ergebnis der Kiewer Aggression werden in Mariupol neun Menschen getötet und 42 Personen verletzt. In Donezk werden die Feiern zum 09. Mai abgehalten (Ende des 2. Weltkrieges).

11. Mai 2014
Der Tag des Referendums auf dem Territorium der Volksrepublik Donezk. Trotz der Provokationen der ukrainischen Truppen erscheinen 74,87 Prozent der Wahlberechtigten in den Wahllokalen. Die staatliche Unabhängigkeit wird von 89,7 Prozent der Wähler unterstützt.

17. Mai 2014
Alexander Borodai wird zum Premierminister ernannt. Am Flughafen von Donezk gibt es schwere Gefechte. Der Verteidigungsminister der Volksrepublik Donezk, Igor Strelkov, fordert die Menschen auf, der Volksmiliz beizutreten.

24. Mai 2014
Auf dem Dach des Rathauses wird die neue Flagge gehisst. In Donezk gibt es einen Kongress des Südostens. Vertreter der Volksrepubliken Donezk und Lugansk kommen zusammen.

26. Mai 2014
Schwere Kämpfe zwischen den ukrainischen Streitkräften und der Volksmiliz der DPR um den Flughafen und um die Putilovsky-Brücke. Auch die Umgebung des Bahnhofes von Donezk wird attackiert.

01.–03. Juni.
Die ukrainische Armee startet mehrere Offensiven aus verschiedenen Richtungen auf Slaviansk. Sie kommen mit Panzern und Artillerie zwischen 25 und 30 km an die Stadt heran. Auch das Stadtzentrum wird von Granaten getroffen.

02. Juni 2014
Ukrainische Offiziere beschließen den Luftangriff auf Lugansk. Die Stellungen der Milizen in Krasnyi Lyman am Eisenbahnknotenpunkt rund 130 km nördlich von Donezk werden angegriffen.

07. Juni 2014
Der neu gewählte Präsident der Ukraine, Petro Poroschenko, tritt sein Amt an. Während seiner Rede

sagt er, dass er keine Verhandlungen mit den Milizen führen wird und bietet ihnen an, die Waffen niederzulegen.

23. Juni 2014
In Donezk beginnen Verhandlungen zur Beilegung des Konfliktes. Teilnehmer aus Russland, der Ukraine, der OSZE und der DPR nehmen daran teil. Alexander Borodai kündigt eine Waffenruhe bis zum 27. Juni an.

24. Juni 2014
Die Abgeordneten des Volksrates der Volksrepublik Donezk stimmen für eine einheitliche Verfassung zusammen mit der Volksrepublik Lugansk.
Alexander Borodai sagt: «*Die gestrige Vereinbarung zum Waffenstillstand war nichts wert. Sie wurde nicht eingehalten. Heute haben ukrainische Truppen wieder Slaviansk bombardiert. Ich erkläre amtlich, dass es keinen Waffenstillstand gibt. Uns bleibt nichts anderes übrig, als weiter zu kämpfen. Wir erwarten in der nächsten Zeit einen Sturm auf Donezk und Lugansk.*»

29. Juni 2014
Bei Kämpfen in der Nähe des Flughafens von Donezk wird ein Kameramann des russischen «Ersten Kanals», Anatoly Klyan, tödlich getroffen.
Alexander Borodai sagt: «Wir protestieren auf das Schärfste gegen diese illegalen Handlungen und fordern die internationale Gemeinschaft auf, auf die ukrainische Regierung einzuwirken, den Krieg gegen Journalisten zu beenden.»

05. Juli 2014
Ungefähr 2 000 Kämpfer der Volksmiliz aus Slaviansk kommen nach Donezk, um bei der Verteidigung der Stadt zu helfen.

08. Juli 2014
Der Bezirk Petrowski der Stadt Donezk wird von der ukrainischen Luftwaffe angegriffen.

12. Juli 2014
In der Nacht vom 11. auf den 12. Juli wird die Stadt Marinka mit Artillerie beschossen. Es gibt Opfer unter der Zivilbevölkerung und Zerstörung an Wohnhäusern und sozialen Einrichtungen. In Donezk wird die Siedlung des «Trudovskaya»-Bergwerks mit Artillerie beschossen. Neun Menschen kommen ums Leben, darunter auch ein 10-jähriges Kind.

15. Juli 2014
Elf Zivilisten wurden getötet, als die Stadt Snezhnoye mit ballistischen Raketen vom Typ «Tochka U» beschossen wird.

17. Juli 2014
Im Osten der DPR nahe des Dorfes Grabovo in der Nähe von Torez, stürzt eine Boing 777 der Malaysia Airlines ab. Alle 283 Passagiere und 15 Besatzungsmitglieder kommen ums Leben.

23. Juli 2014
Der Volksrat wählt Boris Litwinow anstelle von Denis Puschilin zum Vorsitzenden.

27. Juli 2014
Infolge eines schweren Mörserangriffs auf Gorlovka kommen 14 Menschen ums Leben, darunter fünf Kinder. Sechs Häuser werden zerstört. Der Beschuss begann um 05.30 Uhr morgens.

29. Juli 2014
Bei der Bombardierung des Donezker Vorortes Yasinovataya werden vier Personen in einem Park getötet und sieben verletzt.

04. August 2014
Die ersten Gefechte finden in den Vororten von Donezk statt.

05. August 2014
Nach Beschuss des Wasserwerkes ist Donezk ohne Trinkwasser. Der Bezirk Textilschik in Donezk wird mit Artillerie beschossen. Drei Zivilisten sterben. Schulen und Krankenhäuser werden getroffen. In der Nacht fliegt die ukrainische Armee Luftangriffe auf den Bezirk Kalinin.

06. August 2014
Die meisten Bewohner von Donezk haben aufgrund der Bombardierungen keine Mobilfunkverbindung mehr.

07. August 2014
Der Vorsitzende des Ministerrates, Alexander Borodai tritt auf eigenen Wunsch zurück. Alexander Zakharchenko wird für diesen Posten vorgeschlagen und gewählt.

10. August 2014
Die ersten Kämpfe entstehen im Gebiet von Ilovaysk (30 km östlich von Donezk).

13. August 2014
Die Volksmilizen neutralisieren eine Sabotage-Gruppe des Rechten Sektors im Bezirk Petrovsky von Donezk. Zwölf feindliche Soldaten werden getötet.

14. August 2014
Die Artillerie der ukrainischen Streitkräfte bombardiert das Zentrum von Donezk. Das Einkaufszentrum «Green Plaza», das Krankenhaus Nr. 1 und das Heimatmuseum werden getroffen. Es werden auch Phosphorbomben eingesetzt. Mehrere Zivilisten sterben.

19. August 2014
Die Stadt Makeyevka (15 km östlich von Donezk) wird mit Artillerie beschossen.

24. August 2014
Das Krankenhaus, welches nach «Kalinin» benannt ist, wird beschossen. Die vernichteten und gekaperten Fahrzeuge der ukrainischen Armee werden auf dem Lenin-Platz vorgeführt und ausgestellt.

26. August 2014
Nach einem Gegenangriff der Volksmiliz der DPR in der Nähe von Ilovaysk werden die ukrainischen Soldaten eingekreist. Die Operation ist heute als «Kessel von Ilovaysk» bekannt.
Die Milizen bekommen das legendäre Denkmal Savur Mohyla unter ihre Kontrolle.

27. August 2014
Bei der Bombardierung des Bezirks Kalinin verbrennen drei Zivilisten bei lebendigem Leib in ihrem Fahrzeug auf dem Shevchenko-Boulevard.

05. September 2014
In Minsk wird im Hotel «Präsident» das Protokoll der trilateralen Kontaktgruppe zur Umsetzung des Friedensplans unterzeichnet. Die Initiative ging von Präsident Vladimir Putin und Petro Poroshenko aus. Für die Ukraine unterschreibt Leonid Kutschma, für die Russische Föderation der Bevollmächtigte der russischen Botschaft in der Ukraine, Michail Zurabov, für die OSCE, Diplomatin Heidi Tagliavini. Infolge des Dokumentes muss am gleichen Tag um 18.00 Uhr ein Waffenstillstand in Kraft treten. Ein paar Stunden vor dem Inkrafttreten des Waffenstillstandes wird die DPR-Ministerin für Information bei einem Mörserangriff schwer von Schrapnellsplittern verletzt.

Das Minsker Abkommen von 2014, auch bekannt als Minsk I.
Die Parteien vereinbaren Folgendes:

1. Ein sofortiger Waffenstillstand
2. Eine Überwachung des Waffenstillstandes durch die OSZE
3. Die Dezentralisierung der Macht und die vorübergehende lokale Selbstverwaltung verschiedener Bezirke der Oblaste Lugansk und Donezk
4. Die ständige Überwachung der ukrainisch-russischen Grenze durch die OSZE
5. Sofortige Freilassung aller Geiseln und illegal inhaftierten Personen

6. Ein Gesetz zur Amnestie von Personen im Zusammenhang mit Ereignissen, die in einigen Gebieten stattgefunden haben
7. Die Fortsetzung des integrativen nationalen Dialogs
8. Maßnahmen zur Verbesserung der humanitären Situation im Donbass
9. Vorzeitige Kommunalwahlen in Übereinstimmung mit dem ukrainischen Gesetz zum Sonderstatus verschiedener Bezirke der Oblaste Lugansk und Donezk
10. Rückzug aller illegal bewaffneten Gruppen sowie Söldner der Ukraine
11. Ein Programm für den wirtschaftlichen Wiederaufbau der Ukraine
12. Persönliche Sicherheit für die Teilnehmer an den Konsultationen

08. September 2014
In der Volksrepublik Donezk wird der 71. Jahrestag der Befreiung des Donbass von den Faschisten gefeiert. Der 08. September ist offizieller Feiertag der DPR.

20. September 2014
Der erste humanitäre Konvoi der Russischen Föderation, bestehend aus 183 «weißen Schwänen» (Kamaz Lastwagen), kommt nach Donezk. Damit kommen rund 2 000 Tonnen humanitäre Hilfe in die DPR: Getreide, Zucker, Konserven, warme Kleidung, Medikamente.
Die Armee der Volksrepublik Donezk befreit die Stadt Zjdanovka.

23. September 2014
Eduard Nikolajewitsch Jakubowski wird zum Vorsitzenden des Obersten Gerichtshofes der Volksrepublik Donezk gewählt.

24. September 2014
Auf einer Sitzung wurde das Datum für die Wahl des Präsidenten der DPR auf den 02. November 2014 festgelegt.
Die Bürger der DPR erhalten wieder Sozialleistungen und die Züge in den Vororten von Donezk fahren wieder. Viele Verbindungen waren aufgrund der Kämpfe eingestellt worden und Schienen waren teilweise beschädigt.

28. September 2014
Das Puppentheater von Donezk eröffnet die neue Saison und zeigt ein Theaterstück eines russischen Volksmärchens.

01. Oktober 2014
Der Beginn des ersten Schuljahres in Schulen und Universitäten der Volksrepublik Donezk. An diesem Tag wurde die Schule Nr. 57 in Donezk mit Artillerie beschossen. Infolge des Angriffs starben drei Zivilisten.

07. Oktober 2014
Auf der Sitzung des Ministerrates wird die Organisation und die Arbeitsweise der Republikanischen Zentralbank der DPR beschlossen.

08. Oktober 2014
Der öffentliche Militärrat der Volksrepublik, der die Kriegsverbrechen der ukrainischen Armee registri-

eren und Beweise sammeln soll, nimmt seine Arbeit auf.

12. Oktober 2014
Der Volksrat bestätigt den 02. November als Datum für die Wahlen des Präsidenten der DPR.

13. Oktober 2014
Der Kandidat für das Amt des Leiters und aktuelle Leiter der DPR, Alexander Zakharchenko, sammelt die erforderlichen 1 000 Unterschriften für die Kandidatur.
Die Zentralbank eröffnet die ersten Konten für private und juristische Personen und Einheiten.
«*Die Ortschaft Oktyabrsky wurde am 11. Oktober bombardiert. Die Häuser wurden niedergebrannt ... Die Frage ist, was das für eine Art Waffenstillstand ist? Ich dachte, die Einrichtung einer Demarkationslinie sei nicht möglich. Die ukrainischen Einheiten werden nicht aufhören, unsere Positionen zu beschießen, weil sie keine Absicht haben, den Krieg zu beenden. Wenn der Krieg endet, wird Kiew im Chaos versinken und Poroschenko auf der Flucht sein. Deshalb glaube ich kein Wort der ukrainischen Regierung*», sagte der Chef der Abteilung für internationale Information des Ministeriums für Verteidigung der DPR, Vladislav Brig.

19. Oktober 2014
In Donezk auf dem Lenin-Platz findet der «Tag der Staatsflagge» statt. Eine 30 Meter lange Fahne wird durch die Stadt getragen.

20. Oktober 2014
Donezk erlebt die schwersten Artillerieangriffe der ukrainischen Armee. Raketen vom Typ «Tochka U» explodieren auf dem Gelände einer chemischen Fabrik. Durch die Druckwelle wird das Hauptpostamt, die Donbass-Arena, mehrere Schulen und viele andere Gebäude der Stadt beschädigt. Die Explosionen waren auch noch in Makyevka und Gorlovka zu hören.

02. November 2014
In der Volksrepublik Donezk wird gewählt. Die soziale Bewegung (Partei) «Donezk Republik» erhielt 64,43 Prozent der Stimmen. Die zweitplatzierte soziale Bewegung «Freier Donbass» erhielt 27,75 Prozent der Stimmen. Der amtierende Präsident der DPR, Alexander Zakharchenko, wird mit 77,51 % der Stimmen in seinem Amt bestätigt.

04. November 2014
Alexander Zakharchenko wird als Präsident der Volksrepublik Donezk vereidigt.

05. November 2014
Infolge eines Angriffs der ukrainischen Armee auf ein Stadion in der Nähe der Schule Nr. 63 werden zwei Jungen getötet, Andrey Eliseev und Daniel Kuznetsov. Präsident Zakharchenko setzt eine Staatstrauer von zwei Tagen an.

12. November 2014
Die erste Sitzung des Ministerrates der DPR. 16 neue Minister werden in ihre Ämter eingeführt.

14. November 2014
Die erste Plenarsitzung des Volksrates findet statt. 100 Abgeordnete legen den Eid auf die Verfassung der Volksrepublik ab. Andrey Purgin wird zum Vorsitzenden gewählt. Sein Stellvertreter ist Denis Puschilin.

16. Januar 2015
Die Armee der DPR nimmt nach langen Kämpfen den internationalen Flughafen von Donezk ein.

18. Januar bis 11. Februar 2015
Schwere Granatangriffe fordern im Zentrum von Donezk viele Tote und Verletzte.

12. Februar 2015
Nach 14-stündigen Verhandlungen zwischen Präsident Putin, Kanzlerin Merkel, Präsident Hollande und Petro Poroschenko unterzeichnete die Kontaktgruppe die Vereinbarung zum Waffenstillstand. Minsk II.

22. Januar bis 13. Februar 2015
In der Kesselschlacht von Debalzevo, ca. 70 km nordwestlich von Donezk, werden 6 000 ukrainische Soldaten und freiwillige Söldner eingekesselt.

14. Februar 2015
Der Volksrat der DPR ratifiziert das Minsker Abkommen. Bei Granatangriffen werden im Zentrum von Donezk drei Zivilisten getötet und drei verwundet.

16. März 2016
Die ersten Pässe der Volksrepublik Donezk werden ausgegeben.

31. August 2018
Alexander Zakharchenko kommt bei einem Bombenanschlag im Zentrum von Donezk ums Leben. Sein Stellvertreter Dimitri Trapesnikow übernimmt noch am selben Tag das Amt als Interimspräsidenten.

02. September 2018
Alexander Zakharchenko wird begleitet von 120.000 Menschen in Donezk beigesetzt.

23. Oktober 2018
Das Forum «Die russische Welt und der Donbass – von der Cooperation zur Integration» findet mit zahlreichen Beteiligten statt.

11. November 2018
Die Wahlen zum Präsidenten der DPR und den Abgeordneten der Volkskammer finden statt. Dabei wird Denis Puschilin zum neuen Präsidenten gewählt.

20. November 2018
Denis Puschilin wird in seinem Amt vereidigt.

11. Mai 2019
Die Feierlichkeiten zum 5. Jahrestag der Republik finden in Donezk mit Beteiligung vieler ausländischer Staatsgäste statt.
In den vergangenen fünf Jahren haben mehr als 250 ausländische Delegationen die Volksrepublik Donezk besucht. Die Besucher kamen unter an-

derem aus der Russischen Föderation, den Republiken Abchasien und Südossetien, der italienischen Republik, dem Königreich Norwegen, der Bundesrepublik Deutschland und vielen anderen Ländern.»

Der aktuelle Konflikt in der Ostukraine erhält in unseren Medien wenig Aufmerksamkeit. Im Zusammenhang mit Berichten wird oftmals nur von den pro-russischen Separatisten gesprochen, die auf Anweisung oder zumindest mit der Hilfe Russlands die Oblaste Donezk und Lugansk von der Ukraine abtrennen wollen.

Im Rahmen der OSZE-Beobachtungsmission (Organisation für Sicherheit und Zusammenarbeit in Europa),[142] die seit 2014 im Donbass erfolgt, konnte in deren wöchentlichen Berichten bisher allerdings kein Nachweis erbracht werden, dass offizielle russische Soldaten auf Seiten der Republiken kämpfen. Der Fokus unserer Medien liegt trotzdem zumeist nur auf der vermeintlich russischen Aggression und den Gelüsten Putins, ein neues Zarenreich aufzubauen.

Bei meinen Besuchen in der Volksrepublik Donezk hatte ich die Möglichkeit, mir ein eigenes Bild von der Lage zu machen. Wir konnten mit der Zivilbevölkerung, aber auch mit Politikern sprechen und bekamen so einen Einblick in die aktuelle Situation und die Gedanken der Menschen.
Zu dieser Zeit hatte sich der Krieg hauptsächlich auf die Frontbereiche und die sogenannte Kontaktlinie beschränkt. Die Artillerieangriffe auf die größeren Städte ein paar Kilometer von der Frontlinie entfernt waren etwas seltener als in den ers-

ten drei Jahren des Krieges, obwohl wir täglich die Einschläge von Granaten hören konnten.
Zwischen dem Leben der Bevölkerung in den großen Städten und dem Leben der Menschen entlang der Kontaktlinie bestehen große Unterschiede. Als Fremder hat man zunächst Schwierigkeiten, diese Mischung aus normalem Leben und Krieg in unmittelbarer Nähe zu begreifen.

Im Zentrum von Donezk sitzen die Menschen in den Straßencafés und Eltern spielen mit ihren Kindern auf den öffentlichen Spielplätzen. Die Geschäfte sind voll mit Waren und das Leben geht seinen vermeintlich normalen Gang, wie in jeder anderen Großstadt in Europa. Die Straßen und Parks sind gepflegt und sauber, und speziell im Sommer ist Donezk eine sehr grüne Stadt. Eine Frau im Zentrum von Donezk, mit der wir ins Gespräch kamen, erzählte uns, dass ihr Sohn beim Militär war und dass sie fast verrückt geworden sei, wenn er an seinen freien Tagen direkt vom Fronteinsatz nach Hause kam, vorbei an Cafés, in denen Menschen sitzen, die ausgelassen feiern. Der Tod und das blühende Leben befinden sich hier in unmittelbarer Koexistenz.
Je näher man der Frontlinie kommt, desto mehr verändert sich auch die Landschaft. Die Straßen, die durch Beschuss und Schrapnellsplitter beschädigt sind, werden nicht umgehend instand gesetzt. Bäume entlang der nahen Frontbereiche sind als Folge der Granatsplitter und Einschüsse grösstenteils umgekippt oder einfach abgestorben. Häuser, Gartenmauern und Strommasten weisen Hunderte von Einschusslöchern auf. Trotzdem versuchen die Menschen in den Einfamilien-

haussiedlungen, ihre Gärten zu pflegen. Sie pflanzen sogar neue Blumen an.

Grundschule in der Volksrepublik Donezk
(Foto: Hendrik Weber)

Die Frontstädte Gorlovka, Saizevo und die Siedlungen der Gagarin-Kohlengrube, die ich 2018 mehrmals besucht habe, werden weiterhin fast jede Nacht mit Granatwerfern durch die ukrainische Armee beschossen. Ab dem frühen Morgen warten ukrainische Scharfschützen auf die Bewohner, die zur Arbeit gehen, und sogar auf Kinder, die auf dem Weg zur Schule sind. Einer der gefährlichsten Berufe in der Volksrepublik ist der der städtischen Strommonteure. Sie rücken morgens aus, um die in der Nacht durch Bombardierung beschädigten Stromleitungen zu reparieren und werden dabei nicht selten von Scharfschützen

erschossen. Über Hundert städtische Angestellte sind auf diese Weise bereits ums Leben gekommen.
Einige Soldaten erzählten uns, dass sie den Befehl haben, auf die Bombardierungen der ukrainischen Armee nicht zu reagieren. Nur bei einer direkten Offensive dürfen und sollen sie diese zurückschlagen.
Die OSZE-Beobachtungsmission in der Ukraine besteht aus insgesamt rund 1.300 Mitarbeitern. Von den Menschen im Donbass wird sie jedoch mit großem Misstrauen verfolgt. Viele gehen davon aus, dass die OSZE auf Seiten der ukrainischen Behörden steht, womit sie vielleicht nicht ganz Unrecht haben. Die OSZE spricht in ihren Berichten von *«Gebieten, die nicht von der Regierung kontrolliert werden»* und vermeidet es, die Volksrepubliken beim Namen zu nennen. Die Bürgermeisterin von Saizevo, ganz im Norden der Volksrepublik Donezk, beklagte sich bei mir, dass die OSZE seit mehr als einem Jahr nicht mehr vor Ort gewesen sei, obwohl der Ort fast täglich beschossen werde. Dokumentationen und Rapporte über Schäden, Tote und Verwundete werden regelmäßig an das OSZE-Büro in Donezk geschickt, bleiben aber ohne Reaktion.
Die Beobachter vermeiden es, Statistiken darüber zu führen, von welcher Seite die Angriffe oder Bombardierungen ausgehen. Man könne nur das berichten, was auch beobachtet werde, heißt es dazu auf Nachfragen von Journalisten. Vielleicht nicht ganz umsonst bezeichnen viele Bewohner die Mitarbeiter der OSZE als *«die Blinden.»*
In der Siedlung der Gagarin-Kohlengrube, wo wir ein in der Nacht bombardiertes Einfamilienhaus

besichtigten, kamen nach kurzer Zeit die Nachbarn auf die Straße und wollten wissen, wer wir seien und was wir wollten. Drei ältere Damen erklärten uns, dass sie aus Angst vor den Granaten jede Nacht im Keller schliefen. Eine von ihnen berichtete mit Tränen in den Augen, dass ihr Haus keinen Keller habe und dass sie deshalb einfach beten müsse, dass keine Granate ihr Haus treffe. Ihr Mann arbeitet glücklicherweise in der Nachtschicht, sodass er auf jeden Fall nachts in Sicherheit sei.

Ein Vater mit seinem 12-jährigen Sohn namens Vlad, den wir mehrmals besuchten, hatte bei einem Bombenangriff sein Haus verloren. Die Mutter war dabei durch Granatsplitter tödlich verwundet worden und der Sohn hatte ein Auge verloren. Der Vater musste seine Anstellung als Steiger in einem Bergwerk aufgeben, um sich um seinen Sohn zu kümmern. Aufgrund des Verlustes des Auges benötigt der Sohn mehrere Operationen zur Anpassung einer Augenprothese. Der russische Staat bezahlt die Operationen, aber der Vater muss von seinem geringen Einkommen die Kosten für die hierfür nötigen Fahrten nach Moskau für ihn und seinen Sohn selbst aufbringen.

Die Familien, die teilweise in notdürftig reparierten Häusern oder in Kellern leben, versuchen trotz des Krieges ein so weit wie möglich normales Leben zu führen. Die Schulen sind trotz der Bombardierungen geöffnet. Die Ungewissheit darüber, ob ihr Haus noch steht, wenn sie aus der Schule oder von der Arbeit kommen, macht die Menschen im Laufe der Zeit krank.

In den Frontbereichen wird den Einwohnern nur durch Institutionen der Volksrepublik und durch private Initiativen geholfen. Seit September 2014

sendet auch Russland große Mengen an Hilfsgütern in den Donbass, worauf die Menschen speziell in den ersten Jahren des Krieges stark angewiesen waren. Doch auch diese humanitäre Hilfe Russlands wird in unseren Medien mit einem unterschwelligen Misstrauen damit kommentiert, dass es sich wahrscheinlich auch oder zumindest teilweise um militärische Hilfe handele.
In den Kinder- und Waisenheimen – in denen unter anderem auch ukrainische Kinder aufgenommen werden – erzählten mir die Mitarbeiter, dass absolut jedes Kind die Sehnsucht hat, eines Tages von seinen Eltern abgeholt zu werden. Die Volksrepublik Donezk setzt beachtliche Ressourcen ein, um diese Kinder psychologisch zu betreuen, aber bei der Vielzahl der Kinder und Erwachsenen, die Hilfe benötigen, reichen die finanziellen Mittel kaum aus.

Im Westen sind viele der Ansicht, dass die Menschen sich doch einfach von den Separatisten abwenden und zurück zur Ukraine gehen könnten, wo ihnen dann geholfen würde. Wer so denkt, hat noch nicht verstanden, worum es in diesem Krieg wirklich geht. Von unseren westlichen Medien wird oft der Fehler gemacht, die Bevölkerung und die «pro-russischen Separatisten» zu trennen, als ob es sich um zwei verschiedene Gruppen handeln würde.
Es waren nicht Russland oder die Bevölkerung der Ostukraine, die Kiew angegriffen haben – Kiew hat Söldner und die ukrainische Armee in den Donbass geschickt, wogegen sich die Bewohner des Donbass gewehrt haben.
Während wir mit dem Finger in Richtung Russland zeigen, unterstützen der Westen und die USA die

Ukraine und auch die ukrainische Armee ganz offiziell. Obwohl die Ukraine weder NATO-Mitglied noch Mitglied der Europäischen Union ist, werden Militärberater, Waffen und Ausrüstung in die Ukraine geliefert. Bei einem Besuch in Lugansk wurden mir erbeutete Ausrüstungsgegenstände und Munition gezeigt, die nur von NATO-Armeen benutzt werden. Auf Taschen und Verpflegungsrationen war unter anderem die deutsche Flagge aufgedruckt oder eingenäht. Seit Januar 2015 bezeichnet das ukrainische Parlament die «Volksmiliz» als terroristische Organisation und versucht so sprachlich, mit einigem Erfolg, die Bevölkerung des Donbass und die Milizen voneinander zu trennen, um dadurch die Akzeptanz des Westens für ein militärisches Vorgehen zu erhalten. Das ist Kiew bisweilen auch gelungen. Der Westen hat dabei allerdings nicht bedacht, dass sich die Menschen des Donbass auf die Seite ihrer Volksmiliz und späteren ordentlichen Armee stellen würden. Sie nehmen gerne in Kauf, dass sie somit auch als Terroristen angesehen werden. Viele sagen von sich selbst ironisch: *«Ja, ich bin ein Separatist.»*

Es gibt unendlich viele Schicksale von Menschen, von denen wir in unserer Presse nichts hören oder lesen. Offizielle Schätzungen gehen bisher von rund 14.000 Toten aus, obwohl die tatsächliche Zahl weitaus höher sein dürfte.

Der erste Präsident der Volksrepublik Donezk, Alexander Zakharchenko (1976–2018), war in den Augen vieler ein Mann des Volkes. Eine charismatische Person, die Handlungskraft ausstrahlte und den russischen Typ Mann verkörperte, der die Sache selbst in die Hand nahm. In seiner Militäruniform bot er für die westlichen Medien das perfekte Bild eines skrupellosen Diktators, der das Volk des Donbass dazu gezwungen hatte, sich von Kiew loszusagen. 2018 hatte ich die Gelegenheit, Alexander Zakharchenko mehrmals zu treffen. Mich überraschte bei diesen Treffen, dass er nicht nur ein Mann des Militärs, sondern auch Politiker war. Er hatte sehr genaue Vorstellungen davon, wie die Volksrepublik Donezk einmal aussehen sollte. Beim ersten offiziellen Treffen in seinem Büro erklärte er mir seine Vision von einem Staat, in welchem die großen Betriebe unter staatlicher Kontrolle stehen sollten und die Gewinne zum Wohle aller Bürger eingesetzt würden. Er hatte sich erstaunlich gutes Wissen über die norwegische und deutsche Regierung und deren jeweilige Politik angeeignet und bezeichnete diese Staaten als Länder, in denen er aufgrund der politischen Ausrichtung selbst nicht leben wolle.

Nach dem offiziellen Teil des Besuchs fragte er, ob wir Zeit hätten, dann würde er uns die Stadt zeigen. Er hängte sich eine Pistole und ein langes Messer an seinen Gürtel und wir gingen nach unten in den Hinterhof zu seinem Auto, einem gepanzerten Lexus Jeep. Er setzte sich ans Steuer und wir fuhren, gefolgt von zwei Fahrzeugen mit schwer bewaffneten Leibwächtern, mit Blaulicht durch die Straßen von Donezk. Eine Kalaschnikow-Maschinenpistole hatte er zwischen Fahrersitz und Mittelkonsole geklemmt. Im Vorbeifahren zeigte er uns die verschiedenen wichtigen Gebäude der Stadt. Als wir an einer roten Ampel neben einem anderen Wagen anhielten, winkte er dem Fahrer zu, der ihn erkannt hatte.

Westlich der Stadt hielten wir am völlig zerstörten Flughafen von Donezk. Er schloss das Fenster des Wagens und erklärte uns, dass die ukrainische Frontlinie nur 400 bis 700 Meter weit entfernt war. Wir könnten gerne aussteigen, um Fotos zu machen, aber er würde es aufgrund der ukrainischen Scharfschützen vorziehen, im Wagen zu bleiben.

Alexsander Zakharchenko (Foto: DNR)

Im Vorfeld meiner Reisen nach Donezk hatte ich bereits öffentlich Kritik von Menschenrechtsorganisationen bekommen, die der Regierung Zakharchenko Misshandlungen und sogar willkürliche Exekutionen vorwarfen. Beim anschließenden Mittagessen habe ich ihn darauf angesprochen und mit dieser Aussage konfrontiert. Er antwortete überraschend ehrlich auf die Frage: *«Ja, es hat diese Menschenrechtsverletzungen gegeben, auf der ukrainischen Seite, aber auch auf unserer Sei-*

te. Es sind schlimme Dinge passiert. Seit 2016, seitdem wir eine reguläre Armee haben, passiert das nicht mehr. Wir haben keine Söldner mehr, sondern alle Soldaten unterstehen der regulären Armee.» Ich fragte weiter, ob die Kriegsgefangenen gut behandelt werden. *«Gib mir einen Namen und ich kann dir sagen, wo er ist und wie es ihm geht. Alle bekommen notwendige medizinische Versorgung und sie dürfen auch ihre Mütter treffen. Wir schicken jeden Monat Listen zur ukrainischen Armee mit Namen von unseren vermissten Jungs. Wir wollen wissen, ob sie in Gefangenschaft oder eventuell tot sind … wir bekommen niemals eine Antwort auf unsere Anfragen.»*

Nach dem tragischen Tod Alexander Zakharchenkos bei einem Bombenanschlag am 31. August 2018 im Café Separ (Separatist) im Zentrum von Donezk verfiel die Republik kurzzeitig in eine Depression. Der Hoffnungsträger, der der ukrainischen Regierung und dessen Militär Paroli hatte bieten können, war tot. Bei den Trauerfeierlichkeiten waren mehr als einhunderttausend Menschen auf den Straßen, um ihm und seinem Leibwächter, Wjatscheslaw Donezko, der ebenfalls bei dem Anschlag ums Leben gekommen war, die letzte Ehre zu erweisen. Noch ein halbes Jahr später, als ich sein Grab in Donezk besichtigte, war es etwa einen Meter hoch mit frischen Blumen bedeckt.

Aus Deutschland und den meisten anderen Staaten wurde keine offizielle Beileidsbekundung nach Donezk geschickt, obwohl Zakharchenko bei den Verhandlungen von Minsk eine offizielle Rolle spielte.

Der Nachfolger Zakharchenkos, Denis Puschilin, ist ein anderer Typ. Er hatte bereits politische Er-

fahrungen gesammelt und leitete den Volksrat, bevor er im November 2018 zum neuen Präsidenten gewählt wurde. Denis Puschilin wirkt, als sei er der Richtige, um in Verhandlungen und mit Diplomatie den Konflikt beizulegen. Allerdings bedarf es dazu auch des Willens der ukrainischen Regierung in Kiew bzw. der westlichen Staaten.
Puschilin hat innerhalb kurzer Zeit gute politische und wirtschaftliche Beziehungen zur Krim und zu verschiedenen anderen Staaten aufgebaut und kann hoffentlich den Prozess von Minsk mit neuer Kraft vorantreiben. Es wird interessant sein, zu sehen, wie er die Volksrepublik Donezk in den nächsten Jahren leiten wird. Anzunehmen ist, dass er mehr auf Diplomatie und Zusammenarbeit setzen wird als sein Vorgänger.

Denis Puschilin und Hendrik Weber (Foto: H. Weber)

Die Zeit drängt, voraussehbare und langfristige Lösungen zu erarbeiten. Die Menschen, die man direkt fragt, wirken in Bezug auf die Politik teilweise desillusioniert und vertrauen weder Russland noch der ukrainischen Regierung. Sie erwarten konkrete Handlungen, damit sich ihre alltägliche Situation verbessert.

Aufgrund der Isolation der Volksrepubliken gibt es nur wenig Aussicht auf ausländische Investoren und frisches Kapital. Trotz dieses Problems sind die generellen Aussichten nicht unbedingt schlecht. Der Donbass war von jeher das industrielle Herzstück der Ukraine und produziert Kohle sowie Stahl-, Chemie- und Elektroprodukte.
Die neue Initiative des russischen Präsidenten Vladimir Putin vom 24. April 2019, durch die alle Bürger der Volksrepubliken russische Pässe beantragen können, ist daher besonders wichtig. Die Möglichkeit, einfacher zu reisen, entschärft nicht nur die humanitären Probleme, sondern schafft auch gute Voraussetzungen für den Handel und die Industrie. Die Gefahr besteht allerdings, dass hochqualifizierte Arbeitnehmer aufgrund der besseren Perspektiven nach Russland abwandern.
Was aus den Volksrepubliken Donezk und Lugansk mittelfristig werden wird, ist schwer zu prognostizieren. Ohne Krieg und einschränkende Sanktionen ist es vorstellbar, dass die Republiken auch alleine überlebensfähig sein könnten. Eine Angliederung an Russland ist aus mehreren geopolitischen Überlegungen im Moment eher auszuschließen, während eine Wiedereingliederung in die Ukraine eine große Herausforderung für beide Seiten darstellen würde. In diesem Fall müsste die Ukraine rigoros gegen die nationalis-

tischen Kräfte in ihrer Gesellschaft vorgehen und den Republiken eine extrem weitreichende Autonomie einräumen, um eine wirkliche Perspektive bieten zu können. Das Vertrauen in die ukrainische Politik ist bei den Menschen im Donbass vorerst zerstört.
«Als sie dann angefangen haben, uns mit Kampfflugzeugen und Hubschraubern zu beschießen, sind wir auf die Fahnenmasten geklettert und haben die ukrainischen Fahnen heruntergerissen …», sagte mir eine Dame.

Hinzu kommt, dass die Frontlinie zwischen der Ukraine und der DPR mitten durch den Oblast Donezk verläuft. Frühere Nachbarn leben getrennt voneinander in zwei verschiedenen Staaten, womit niemand richtig glücklich sein kann.

Wichtig ist jedoch vorerst, dass der Krieg beendet wird und westliche Medien auf die Situation im Donbass aufmerksam werden und darüber berichten. Unsere Medien und Menschenrechtsorganisationen, die oft auch von staatlichen Stellen finanziert werden, sollten nach Donezk und Lugansk reisen und mit den Menschen dort sprechen – und sich nicht nur auf die offiziellen Informationen der westlichen NGOs und zwielichtigen Organisationen aus Kiew verlassen. Dazu gehört aber auch, mit den jeweiligen Regierungen zu sprechen, um deren Sichtweisen und Meinungen zu hören. Die Volksrepublik Donezk arbeitet aus diesem Grund daran, in immer mehr Ländern offizielle Vertretungen zu eröffnen, um einen besseren Informationsaustausch mit Bürgern und Politikern anderer Staaten zu gewährleisten.

Solche Vertretungen gibt es bereits in Finnland, Frankreich, Italien und einigen anderen Ländern. Wie auch hinsichtlich der Krim ist es für Donezk wichtig, die Menschen im Westen mit echten Informationen zur aktuellen Situation zu versorgen, um die europäischen Regierungen und vor allem Washington zu einem Einlenken in ihrer einseitigen Politik zu bewegen.

Der Westen hat es umfassend versäumt, in Zusammenarbeit mit Russland auf die Regierung in Kiew einzuwirken, damit die Ukraine endlich den Waffenstillstand und das Abkommen von Minsk einhält. Die Menschen des Donbass gelangten so zu der Überzeugung, dass sie vollkommen alleine stehen. Wie auch auf der Krim wurde diese Überzeugung durch ein Referendum mit großer Mehrheit bestätigt. Anstatt weiter Russland als den angeblichen Aggressor zu beschuldigen, sollten wir im Westen die Rolle des ehrlichen Vermittlers einnehmen. Dazu ist es absolut notwendig, Maßnahmen auch mit Russland abzustimmen und die Vertreter der beiden Republiken mit in die Verhandlungen einzubeziehen.

VOLKSDIPLOMATIE

In diesem Buch ist bereits mehrere Male von «Volksdiplomatie» die Rede gewesen. Doch was bedeutet das? Den Begriff Volksdiplomatie hörte ich zum ersten Mal 2016 auf der Krim. Die Regierung der Krim sah sich dem Problem gegenüber, von der internationalen Gemeinschaft nicht anerkannt zu sein. Offizielle Personen und Politiker westlicher Staaten reisen nicht auf die Krim, und der Ausbau internationaler Beziehungen ist für die Regierung der Krim, aber auch für deren Bewohner und Unternehmen fast unmöglich.
Während große Weltkonzerne die bestehenden Sanktionen durch Geschäftsstellen, Niederlassungen und Produktionsstätten im Ausland umgehen können, besteht diese Möglichkeit nicht für die politischen Kontakte und für die Bewohner.
In dieser Situation ist die russische Regierung auf die Idee gekommen, ganz normale Menschen auf die Krim einzuladen, nach dem Motto: Wenn die «großen» Persönlichkeiten uns nicht besuchen, dann laden wir eben Bürger, Geschäftsleute, Vereine, Personen des öffentlichen Lebens ein, um ihnen unsere Republik zu zeigen und so für Akzeptanz zu werben. Dr. Juri Gempel, der einer der treibenden Kräfte der Idee der Volksdiplomatie ist, beschreibt die Situation so:
«Wir waren nicht nur Zeugen, sondern haben selber teilgenommen am wichtigsten geopolitischen Ereignis des 21. Jahrhunderts. Der Wiedervereinigung der Krim mit Russland. Die Ereignisse im Frühjahr 2014 auf der Krim führten zu einem spiri-

tuellen und patriotischen Aufwind für ganz Russland und waren Ausgangspunkt für Russlands erstarkte Position auf der internationalen Bühne. Die westlichen Länder haben die Volksabstimmung auf der Krim nicht anerkannt und führten Sanktionen gegen Russland und die Krim ein. Eine Informationsblockade und eine verdrehte Darstellung der tatsächlichen Situation wird in den Massenmedien verbreitet.

In einer angespannten geopolitischen Situation mit einem Informationskrieg gegen Russland wird die Möglichkeit, die Wahrheit zu sagen, immer wichtiger. Wir versuchen, das Misstrauen und die Mythen über die Krim als künstliches Gebilde einer Reihe westlicher Länder zu zerstreuen. Es ist die Volksdiplomatie, die uns dabei hilft. Volksdiplomatie ist eines der wichtigsten Werkzeuge im Kampf gegen Informationsblockaden und Sanktionen.

Delegationen, die aus Politikern, Wirtschaftsvertretern und öffentlichen Personen aus dem nahen und fernen Ausland bestehen, besuchen trotz Sanktionen und Verboten die Republik Krim. Darunter Delegationen aus Japan, Spanien, Frankreich, Norwegen, Deutschland, USA, Österreich, Schweden, Luxemburg, den Niederlanden, Israel, Serbien, Polen, Tschechien, der Slowakei, Bulgarien, der Türkei, Indien, der Volksrepublik China, Vietnam, Kasachstan, der Ukraine, Südossetien sowie anderen Ländern.

Es ist die Volksdiplomatie, die ein wichtiges Element zum gegenseitigen Verständnis und zur Lösung internationaler Probleme ist.

Die Krim ist unsere Heimat! Und nur wir, die Bewohner der Krim, haben das Recht zu entscheiden, in welchem Land wir leben und in welcher Sprache wir mit unseren Nachbarn sprechen sollten. Wir sind überzeugt, dass wir die Wahrheit mit uns haben, daher schreiben wir der Volksdiplomatie ein besonders großes Gewicht zu. Die Krim hat eine einzigartige Erfahrung in der Entwicklung verschiedener Richtungen innerhalb der Volksdiplomatie unter den strengsten Wirtschaftssanktionen und einem Informationskrieg. Es gibt keine anderen Regionen unseres Landes, die so strengen Sanktionen ausgesetzt sind wie die Republik Krim. Die Zeit ist gekommen, die Zivilgesellschaft zu vereinen, um den Bürgern die Wahrheit über den Krimfrühling von 2014 zu vermitteln.»

Dr. Juri Gempel (Crimea.gov)

Juri Gempel arbeitet zusammen mit vielen anderen Politikern und Organisationen der Krim daran, das Projekt der Volksdiplomatie weiter auszubauen und noch mehr ausländische Delegationen auf die Krim einzuladen.

Auch die Volksrepublik Donezk hat begonnen, den Wert der Volksdiplomatie zu erkennen und lädt verschiedene Delegationen aus dem europäischen Ausland zu Besuchen und Gesprächen ein. Die Außenministerin Natalija Nikonorowa formuliert es folgendermaßen: *«Es ist notwendig, die zunehmende Rolle der Volksdiplomatie als eines der wichtigsten Instrumente hervorzuheben, um ein positives Bild der Volksrepublik Donezk auf internationaler Ebene zu schaffen.*
Einen wesentlichen Beitrag zu diesem Prozess leisten die DPR-Vertretungszentren im Ausland (…).»[143]

Unser Verein «Volksdiplomatie Norwegen» nimmt sich dieser Aufgabe an und arbeitet für bessere Beziehungen zwischen Norwegen und Russland und gegen die bestehende Informationsblockade im Zusammenhang mit der Krim. Wir unterstützen auch die Bemühungen der Volksrepubliken Donezk und Lugansk, um eine friedliche Lösung im Konflikt mit der Ukraine zu finden.
Nach westlichem Verständnis ist ein Diplomat laut Duden ein «höherer Beamter» und Abgesandter eines Staates. Russland benutzt diesen Begriff auch in anderen Zusammenhängen und bezeichnet als Diplomaten außerdem Menschen, die Gespräche führen und versuchen zu vermitteln. Unser Ziel bleibt es, das bestehende Feindbild in Eu-

ropa abzubauen und zum Dialog beizutragen. Haben wir damit Erfolg? Diese Frage ist schwer zu beantworten, aber trotzdem glaube ich, dass wir bereits einige Erfolge erzielen konnten. Vor unseren Reisen auf die Krim und in den Donbass haben die Medien fast gar nicht über diese Gebiete berichtet und wenn sie es taten, wurde lediglich die offizielle Darstellung einer Annexion wiederholt. Mehrere norwegische Russlandkenner und Rechtswissenschaftler haben uns angeschrieben und uns erzählt, dass ihre Artikel und Aufsätze zu diesem Thema von den etablierten Zeitungen einfach abgelehnt werden. Das hat sich nun durch die Debatte, die unter anderem auch wir angestoßen haben, geändert. Mittlerweile gibt es mehr und mehr Politiker in Europa und in Norwegen, die öffentlich davon sprechen, dass man die Realität anerkennen sollte und zumindest ein Dialog mit Russland eingeleitet werden muss.

Eine relativ neue Initiative ist die internationale Vereinigung «Friends of Crimea» (Freunde der Krim) unter dem Vorsitz des ehemaligen slowakischen Premierministers Ján Čarnogurský. Die überparteiliche Organisation mit Sitz in Yalta auf der Krim ist die Dachorganisation der verschiedenen nationalen Vereinigungen, die sich für die Krim einsetzen. Die Ziele der Freunde der Krim sind unter anderem:

1. Das gegenseitige Vertrauen, die Freundschaft und gute Nachbarschaft zwischen Ländern und Völkern wiederherzustellen.
2. Durch Volksdiplomatie die Zusammenarbeit zwischen Ländern in Politik, Wirtschaft, Handel, Wissenschaft, Kultur, Bildung, Energie, Verkehr, Ökologie und anderen Bereichen zu entwickeln.

3. Den Informationskrieg zu stoppen, der zu Konflikten, wachsenden Bedrohungen und internationalen Krisen führt.
4. Die Anerkennung der Legitimität des Krim-Referendums von 2014 und das Recht der Bewohner, ihre Zukunft selbst zu bestimmen.
5. Die internationale Gemeinschaft mit objektiven Informationen über das Leben auf der Krim zu versorgen.[144]

Zurzeit sind mehr als 20 Länder Mitglied der «Freunde der Krim». Norwegen ist durch unsere Vereinigung «Volksdiplomatie Norwegen» Gründungs- und Vorstandsmitglied dieser internationalen Organisation.

Viele Medien versuchen, dieses Engagement in Misskredit zu bringen, als lächerlich oder gar gefährlich darzustellen. Auch Nichtregierungsorganisationen (NGOs) wie die einflussreiche Denkfabrik «Atlantic Council» beteiligen sich mit vermeintlichen Experten an dieser Propaganda. In ihrem Bericht «The Kremlin's Trojan Horses» (Die trojanischen Pferde des Kreml) werden Personen und Organisationen aufgeführt, die angeblich russische Propaganda verbreiten oder zumindest positiv gegenüber Russland eingestellt sind.
Die «Experten» sind dabei zum größten Teil Journalisten, die für ihre treue Linie gegenüber den westlichen Narrativen bekannt sind. Im Kapitel, das die Situation in Norwegen behandelt, wird auch unsere Vereinigung «Volksdiplomatie Norwegen» genannt, als eine Organisation die: *«(...) mehrere hochkarätige Reisen auf die okkupierte Krim unternommen und während der Präsident-*

schaftswahl im März 2018 in Russland als selbsternannte Beobachter gedient hat.»[145]
Der Titel dieser Berichte erweckt dabei den Anschein, dass es sich um sensationelle Enthüllungen handelte. Jedoch kommen die «Experten» zu dem Schluss, dass in Nordeuropa alles in Ordnung ist und niemand den russischen Propagandaoffensiven Glauben schenkt.

Europa und Russland verbinden viel mehr, als es trennt. Wir wollen nicht zulassen, dass von unseren Medien und Politikern ein Feindbild aufgebaut wird, um Europa und Russland zu spalten.
Deshalb werden wir uns auch weiterhin zusammen mit anderen Organisationen aus ganz Europa für das Überwinden der Informationsblockade und der Sanktionen einsetzen und versuchen, zu einem offenen und positiven Dialog zwischen Europa und Russland beizutragen.

RESÛMEE

In diesem Buch habe ich versucht, die russische und meine eigene Sichtweise, die nur sehr selten oder verzerrt in unseren Medien dargestellt wird, wiederzugeben.
Unsere Regierungen bauen mithilfe der Medien ein Feindbild auf, das aufgrund mangelnder Beweise jeder Grundlage entbehrt. Daher ist es wichtig, die Ereignisse, die nach dem Ende des Kalten Krieges zu dieser neuen, offenen Konfrontation geführt haben, möglichst von beiden Seiten zu kennen und zu verstehen.

Mein Wunsch ist es, mit diesem Buch einen kleinen Beitrag dazu zu leisten, die andere Seite zu beleuchten bzw. zu Wort kommen zu lassen. Ich erhebe keinerlei Anspruch auf Vollständigkeit, denn zu diesem Thema sind bereits viele lesenswerte Bücher erschienen, deren Lektüre ich nur empfehlen kann.
Wir sollten verstehen, dass die Situation zwischen dem Westen (USA und Europa) auf der einen und Russland auf der anderen Seite komplexer ist, als uns unsere Medien glauben machen wollen. Es geht bei dem Konflikt nicht nur um eine demokratische Annäherung der Ukraine an die EU und eine sogenannte Annexion der Krim durch Russland. Im Hintergrund gibt es viele geopolitische Überlegungen aller Akteure. Die Ukraine ist heute das ärmste Land in Europa mit einem Lebensstandard weit hinter dem der anderen ehemaligen Sowjetrepubliken. Die Auslandsschulden der Ukraine und die erhöhte Abhängigkeit vom IWF (Internationaler

Währungsfond) werden den Bürgern der Ukraine kurz- und mittelfristig keine Verbesserungen bringen, sondern sie schwer belasten.
Die EU und die angeschlossenen Institutionen werden ihren Einfluss auf die Ukraine in den kommenden Jahren weiter ausbauen, um das Land nach ihren Vorstellungen steuern zu können. Die rund 40 Millionen Einwohner auf einer riesigen Landfläche stellen einen fantastischen Markt für europäische und amerikanische Großkonzerne dar. Auch wenn die Kaufkraft der Einwohner weit, hinter dem Durchschnitt in Europa liegt, können Unternehmen doch auf ein Heer von preiswerten Arbeitskräften zurückgreifen. Agrarkonzerne streiten bereits seit Jahren um die Rechte an der berühmten Schwarzerde, wie das US-amerikanische Oakland Institute in seiner Publikation «The Corporate Takeover of Ukrainian Agriculture»[146] nachgewiesen hat. Die Ukraine wird langfristig aufgrund ihres internen Chaos und der Korruption als eine Art Versuchslabor für westliche Konzerne dienen.

Gleichzeitig besteht nach wie vor der offizielle Wunsch der USA, europäisches Know-how von russischen Bodenschätzen zu trennen. Diese Strategie wird nicht etwa im Geheimen verfolgt, sondern offen vertreten. Bei einer Rede in Chicago sagte der Chef des einflussreichen Thinktanks Stratfort, Georg Friedman, am 03. Februar 2015: *«Also, das urzeitliche, urweltliche Interesse der Vereinigten Staaten, wofür wir seit Jahrhunderten die Kriege führten – Erster und Zweiter Weltkrieg und Kalter Krieg – waren die Beziehungen zwischen Deutschland und Russland. Weil vereint sind*

sie die einzige Macht, die uns bedrohen kann, und unser Interesse war es sicherzustellen, dass das nicht geschieht.»[147]
Unsere Medien greifen diese klare Sicht auf die geopolitischen Interessen unserer «Partner» nicht, oder nur sehr selten, auf.

Wir sollten uns vor Augen halten, dass die geopolitischen Interessen ausgeprägter sind, als sie uns oft erscheinen. Blenden wir dies aus, fehlt uns ein großes Stück des Puzzles.
Wäre es wirklich das Ziel, Demokratie und Menschenrechte in anderen Ländern zu fördern und zu verteidigen, wäre es notwendig, die immensen Rüstungs- und NATO-Ausgaben zu kürzen und uns mehr im Rahmen einer wirklichen humanitären Hilfe und im Dialog mit anderen Ländern zu engagieren.
Zum Ende des Kalten Krieges hatten wir in Europa die einmalige Möglichkeit, eine echte Kooperation und Zusammenarbeit mit Russland einzugehen. Diese Chance haben wir leider verpasst und uns als die absoluten Sieger des Kalten Krieges gefühlt, die vermeintlich keine Rücksicht mehr auf Russland nehmen brauchten. Russland hat sich daraufhin in eine andere Richtung orientiert und beansprucht aufs Neue seinen Platz in einer multipolaren Welt. Mit Machtgelüsten und Weltmachtansprüchen Vladimir Putins hat das wenig zu tun. Wir sollten damit aufhören, immer wenn es um Russland geht, andere Maßstäbe anzulegen, als wir es bei anderen Ländern tun.
In Europa sollten wir auf einen ehrlichen Dialog auf Augenhöhe mit Russland setzen. Ein großer Teil der russischen Landmasse liegt auf dem europäi-

schen Kontinent. Die russische Kultur, die russische Geschichte und die Menschen sind uns in vielem näher, als wir oft annehmen. In unserem gemeinsamen Interesse sollten wir aufhören, Feindbilder aufzubauen und stattdessen den Dialog und die Zusammenarbeit suchen. Das bedeutet nicht, dass wir alles akzeptieren und gutheißen sollen. Aber wir sollten aufpassen, dass wir uns nicht vor einen ganz anderen Karren spannen lassen, der unserem europäischen Interesse sogar direkt widerspricht.

Es ist wichtig, wachsam zu sein, denn immer dort, wo es angeblich nur um Demokratie und Menschenrechte geht, sind allzu oft knallharte wirtschaftliche und finanzielle Interessen involviert. Seien es Absatzmärkte, Bodenschätze oder Ölpipelines.

LANDKARTEN

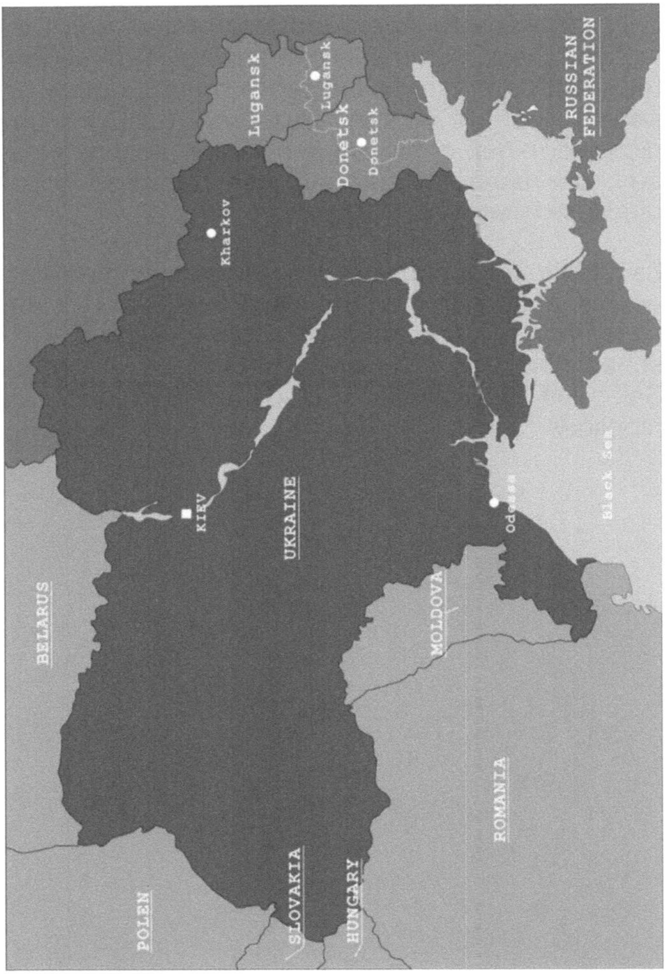
Lugansk
Lugansk
Donetsk
Donetsk
RUSSIAN FEDERATION
Kharkov
KIEV
UKRAINE
BELARUS
Black Sea
MOLDOVA
ROMANIA
POLEN
SLOVAKIA
HUNGARY

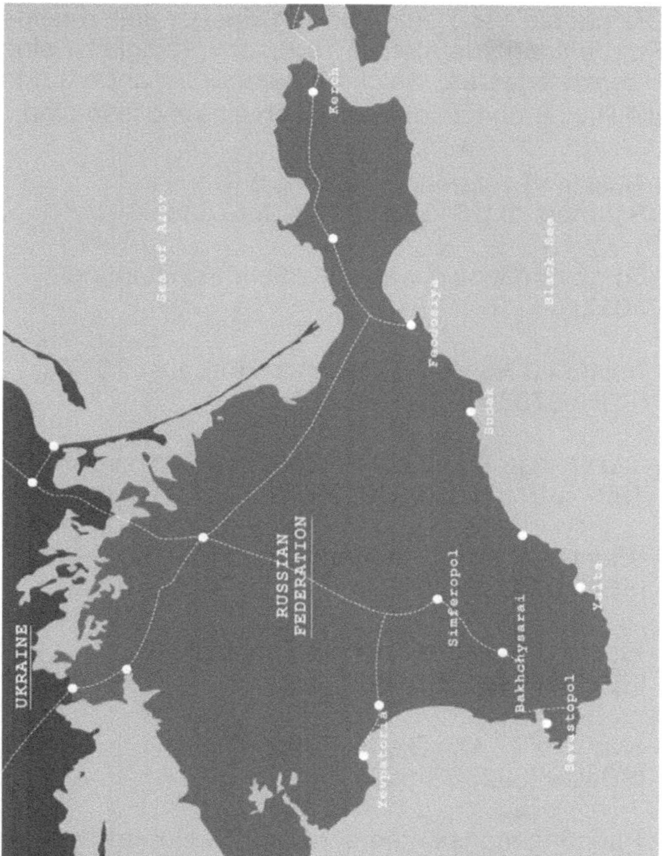
UKRAINE
RUSSIAN FEDERATION
Sea of Azov
Black Sea
Kerch
Feodosiya
Sudak
Simferopol
Bakhchysarai
Yalta
Sevastopol
Yevpatoria

LITERATURNACHWEISE

Die nachfolgend aufgeführten Bücher sollen keine Empfehlung darstellen, sondern lediglich eine Übersicht geben, welche Inhalte unter anderem in die Recherche zu diesem Buch eingeflossen sind.

- Russland verstehen - Gabriele Krone Schmalz 2015 ISBN: 9783406675256

- To go one´s own way – Vladimir Konstantinov 2017

- Feindbild Russland - Hannes Hofbauer 2017 ISBN: 9783853714010

- Die einzige Weltmacht – Zbigniew Brzezinski 1997 ISBN: 9783939816973

- Was will Putin – Stephan Berendt 2015 ISBN: 9783864452574

- Eiszeit – Gabriele Krone Schmalz 2018 ISBN: 9783406714122

- Kva vil vi? – Ole Bjerke 2016 ISBN: 9788230015292

- Putin Innenansichten der Macht – Hubert Seipel 2015 ISBN: 9783455503036

- Russlands Redningsmann – Bjørn Nistad 2016 ISBN: 9788279903093

- Ukrainas Historie - Bjørn Nistad
ISBN: 9788279903727

- Chronik: Ereignisse und Schicksal - Volksrepupublik Donezk

- Nachdenken über Deutschland - A. Müller / J. Berger 2017 ISBN: 978-3864891540

- Der falsche Präsident - Albrecht Müller 2012 ISBN: 978-3864890284

- Ukraine Krise 2014 - Thomas Röper 2019 ISBN: 9783941956780

- Chronical of Alive 2014-2016 - Volksrepublik Donezk 2017

- Krim. Wie aus mir ein Täter gemacht wurde - S. Menisk 2017 ISBN: 978-3961034383

- Angrep eller Forsvar - I. Eliassen und C. Sandnes 2015 ISBN: 9788283420098

- Ukraine: Die Wahrheit über den Staatsstreich - N. Asarow 2015 ISBN: 978-3360501158

- Peter der Fünfte - Alexander Onischenko 2018 ISBN: 978-3947094257

- Die Akte Moskau - Willi Wimmer 2016 ISBN: 978-3943007121

- Zerbricht die Ukraine - Manfred Schünemann 2017 ISBN: 978-3945187968

- Die NATO Expansion - Peter Brinkmann 2015 ISBN: 978-3360018731

- Bürgerkrieg in der Ukraine - Reinhard Lauterbach 2015 ISBN: 978-3958410145

- Die Ukraine im Krieg - Jutta Sommerbauer 2016 ISBN: 978-3218010276

QUELLENNACHWEISE

1. Buch: G.M. Gilbert, „Nürnberger Tagebuch“, Fischer Frankfurt a. M., 1962
2. https://de.statista.com/statistik/daten/studie/4704/umfrage/absatzzahlen-von-tageszeitungen-seit-2003/ (25.05.2019)
3. https://correctiv.org/ueber-uns/#unterstuetzen-sie-unabhaengigen-journalismus https://www.faktisk.no/om-oss/finansiering (25.05.2019)
4. Magazin: Spiegel Cover: Stoppt Putin jetzt / Kalte Krieger
5. https://edition.cnn.com/2015/02/25/world/amanpour-norway-ine-eriksen-soreide/ (25.05.2019)
6. https://www.vg.no/nyheter/i/m6pRbp/norge-utviser-russisk-diplomat (25.05.2019)
7. https://www.youtube.com/watch?v=cVZ7PrWMU6c (25.05.2019)
8. https://www.cia.gov/news-information/featured-story-archive/2016-featured-story-archive/bush-as-director-of-central-intelligence.html (25.05.2019)
9. https://www.deutschlandfunkkultur.de/drohnenkrieg-obamas-toedliches-erbe.1005.de.html?dram:article_id=376686 (20.06.2019)
10. Buch: Englischer Originaltitel: The Grand Chessboard: American Primacy and Its Geostrategic Imperatives, 1997
11. Buch: Mackinder, Democratic Ideals and Reality, S. 106 / https://de.wikipedia.org/wiki/Heartland-Theorie
12. Buch: Englischer Originaltitel: The Grand Chessboard: American Primacy and Its Geostrategic Imperatives, 1997 (deutsche Übersetzung)
13. Buch: Englischer Originaltitel: The Grand Chessboard: American Primacy and Its Geostrategic Imperatives, 1997 (deutsche Übersetzung)
14. https://de.wikipedia.org/wiki/National_Security_Strategy_vom_September_2002 (19.06.2019)
15. https://www.nur-zitate.com/autor/Franklin_D_Roosevelt
16. https://orf.at/v2/stories/2207353/2207351/ (19.06.2019)

17. Buch: Ukraine: Die Wahrheit über den Staatsstreich - Nikolai Asarow
18. https://www.heise.de/tp/features/Ohne-Hilfe-der-USA-haette-es-keinen-Staatsstreich-gegeben-3492309.html (25.05.2019)
19. https://www.t-online.de/nachrichten/specials/id_67541336/chronologie-die-proteste-in-der-ukraine-seit-november-2013.html (30.05.2019)
20. Wikipedia: Assoziierungsabkommen zwischen der Europäischen Union und der Ukraine (25.05.2019)
21. Buch: Ukraine: Die Wahrheit über den Staatsstreich - Nikolai Asarow
22. Wirtschaftskammer Österreich - Länderprofil Ukraine / Slowakei (März 2019)
23. http://gorshenin.eu/programs/researches/923_ukraine_today.html (30.05.2019)
24. https://www.heise.de/tp/features/Ohne-Hilfe-der-USA-haette-es-keinen-Staatsstreich-gegeben-3492309.html?seite=3 (25.05.2019)
25. https://edition.cnn.com/2013/12/14/world/europe/ukraine-protests/index.html (30.05.2019)
26. https://www.heise.de/tp/features/Ohne-Hilfe-der-USA-haette-es-keinen-Staatsstreich-gegeben-3492309.html (30.05.2019)
27. https://www.bbc.com/news/world-europe-25571805 (25.05.2019)
28. http://kp.ua/politics/439271-vozle-ofysa-part« -rehyonov-pozhar (25.05.2019)
29. Film: »Der Weg nach Hause« - You Tube (20.05.2019)
30. Wikipedia: Vereinbarung über die Beilegung der Krise in der Ukraine (25.05.2019)
31. https://www.faz.net/aktuell/politik/ausland/auf-dem-majdan-klitschkos-schwaerzeste-stunde-12815257.html (25.05.2019)
32. https://orf.at/v2/stories/2219340/2219341/ (25.05.2019)
33. https://www.youtube.com/watch?v=ezEjykTJjVk (25.05.2019)
34. https://de.wikipedia.org/wiki/Wiktor_Janukowytsch (30.05.2019)

35. Film: »Der Weg nach Hause« - You Tube (25.05.2029)
36. http://www.verfassungen.net/ua/verf96-i.htm (25.05.2019)
37. https://www.heise.de/tp/features/Ohne-Hilfe-der-USA-haette-es-keinen-Staatsstreich-gegeben-3492309. html?seite=4 (30.05.2019)
38. https://www.welt.de/wirtschaft/article133427977/Ukraine-fordert-Nachschlag-zum-30-Milliarden-Paket.html (20.06.2019)
39. https://www.nzz.ch/international/europa/die-ukraine-rueckt-naeher-an-die-eu-heran-1.18331905 (25.05.2019)
40. https://de.sputniknews.com/politik/20140224267908593-EU-erkennt-Entmachtung-Janukowitschs-an/ (30.05.2019)
41. https://www.dw.com/de/internationaler-haftbefehl-gegen-janukowitsch/a-17458909 (30.05.2019)
42. https://www.domradio.de/themen/weltkirche/2019-01-05/orthodoxe-kirche-ukraine-eigenstaendig (20.06.2019)
43. http://uacrisis.org/de/71737-will-new-language-law-change (25.05.2019)
44. Film: »Frontstadt Donezk« - You Tube (Februar 2019)
45. Buch: Ukraine Krise 2014 - Thomas Röper 2019
46. https://www.heise.de/tp/features/Ohne-Hilfe-der-USA-haette-es-keinen-Staatsstreich-gegeben-3492309.html (25.05.2019)
47. https://www.welt.de/politik/ausland/article135241067/Mysterium-um-das-Todesfeuer-von-Odessa.html (30.05.2019)
48. Tagesschau vom 12.04.2014 - YouTube (25.05.2019)
49. https://www.spiegel.de/politik/ausland/ukraine-tote-bei-feuer-in-odessa-nach-brandstiftung-a-967340.html (30.05.2019)
50. https://www.gtai.de/GTAI/Navigation/DE/Trade/Maerkte/suche,t=aussenhandel-der-ukraine-spiegelt-konflikt-mit-russland-wider,did=1790844.html (20.06.2019)
51. https://www.deutschlandfunk.de/ukraine-konflikt-steinmeiers-politik-ist-mutig.694.de.html?dram:article_id=285520 (25.05.2019)
52. https://www.zeit.de/politik/ausland/2016-03/ukraine-eu-nato-mitgliedschaft-5vor8 (30.05.2019)

53. https://www.zeit.de/video/2014-03/3322012589001/ukraine-die-eu-haette-kein-entweder-oder-formulieren-duerfen (25.05.2019)
54. https://eur-lex.europa.eu/legal-content/DE/TXT/PDF/?uri=CELEX:22014A0529(01)&from=DE (27.05.2019)
55. https://www.nato.int/cps/en/natohq/topics_49217.htm?se- lectedLocale=en (25.05.2019)
56. https://www.nachdenkseiten.de/?p=20855 25.05.2019 (25.05.2019)
57. Buch: To go one`s own way - Vladimir Konstantinov 2017 (Die Englische Ausgabe www.folkediplomati.com)
58. Ihttps://www.regjeringen.no/no/tema/utenrikssaker/ reise-informasjon/velg-land/reiseinfo_ukraina/id2429141/ (25.05.2019)
59. Norwegische Zeitung »Ny Tid« Nr. 2 Februar 2017 (25.05.2019)
60. Internetseite TV2 https://www.tv2.no/a/9335968 (27.05.2019)
61. Internetseite TV2 Interview mit dem norwegischen Aussenminister Børge Brende. Leider aus der Bibliothek von TV2 gelöscht, nur als private Aufnahme zugänglich. (25.05.2019)
62. Norwegische Zeitung https://www.vg.no/nyheter/utenriks/i/bREMg/norske-aktivister-faar-kritikk-for-tur-til-krim-halvoeya (25.05.2019)
63. https://www.vg.no/nyheter/utenriks/i/bREMg/norske-aktivister-faar-kritikk-for-tur-til-krimhalvoeya (25.05.2019)
64. https://artek.org/en/ob-arteke/istoriya/ (25.05.2019)
65. Internetseite: Volksdiplomatie Norwegen https://www.folkediplomati.com/l/analytical-raport/ (25.05.2019)
66. https://www.venice.coe.int/webforms/documents/default-.aspx?pdffile=CDL-AD%282014%29002-e (30.05.2019)
67. https://www.rferl.org/a/osce-crimea-ukraine-referendum/25292116.html (20.06.2019)
68. Buch: To go one`s own way - Vladimir Konstantinov 2017 (Die Englische Ausgabe ist käuflich zu erwerben unter www.folkedplomati.com)
69. https://www.venice.coe.int/webforms/documents/default-.aspx?pdffile=CDL-AD%282014%29002-e (29.05.2019)

70. https://www.faz.net/aktuell/feuilleton/debatten/die-krim-und-das-voelkerrecht-kuehle-ironie-der-geschichte-12884464.html (25.05.2019)
71. http://www.mpil.de/files/pdf3/Peters_Verletzt_der_Anschluss_der_Krim_an_Russland_das_Voelkerrecht_ Plaedoyer_3_20143.pdf (25.05.2015)
72. https://www.spiegel.de/politik/ausland/krim-krise-voelkerrechtler-kress-ueber-bruch-des-voelker- rechts-a-961400.html (25.05.2019)
73. Artikel Prof. Schachtschneider https://www.wissensmanufaktur.net/krim-zeitfragen (25.05.2019)
74. Internetseite: Volksdiplomatie Norwegen https://www.folkediplomati.com/l/konferanse-2019/ (25.05.2019)
75. Internetseite: Volksdiplomatie Norwegen https://www.folkediplomati.com/l/foredrag-fra-peter-orebech/ (25.05.2019)
76. Zeitschrift: Vorwärts - Die dunkle Seite der neuen Regierung (10.03.2019)
77. http://dip21.bundestag.de/dip21/btd/17/146/1714603.pdf (21.06.2019)
78. https://www.dw.com/de/die-russlandverste- her/a-17507888 (25.05.2019)
79. https://www.freitag.de/autoren/hans-springstein/mai- dan-aktivisten-zeigen-russen-im-kaefig (25.05.2019)
80. https://www.dw.com/de/die-russlandversteher/a-17507888 (25.05.2019)
81. https://daserste.ndr.de/panorama/archiv/2014/Putsch-in-Kiew-Welche-Rolle-spielen-die-Faschisten,ukraine357.html (21.06.2019)
82. panorama4885.pdf Sendung vom 06.03.2014 (05.01.2020)
83. https://www.bpb.de/internationales/europa/ukraine/ (20.06.2019)
84. https://www.bbc.com/news/world-europe-25571805 (25.05.2019)
85. https://eur-lex.europa.eu/legal-content/DE/TXT/ PDF/?uri=CELEX:32014R0208&rid=7 (27.05.2019)
86. https://eur-lex.europa.eu/legal-content/DE/TXT/ PDF/?uri=CELEX:32014D0658&qid=1433681367458&from =DE (25.05.2019)

87. https://eur-lex.europa.eu/legal-content/DE/TXT/ PDF/?uri=CELEX:02014D0145-20171121&from=DE (25.05.2019)
88. https://europa.eu/newsroom/highlights/special-coverage/eu-sanctions-against-russia-over-ukraine-crisis_de (18.06.2019)
89. https://europa.eu/newsroom/highlights/special-coverage/eu-sanctions-against-russia-over-ukraine-crisis_de (02.01.2020)
90. Buch: Feindbild Russland - Hannes Hofbauer (März 2019)
91. https://ostexperte.de/aussenhandel-usa-russland/ (18.04.2019)
92. https://www.welt.de/wirtschaft/article142742046/Russland-Krise-kostet-Europa-bis-zu-100-Milliarden-Euro.html (19.06.2019)
93. https://www.ikb.de/fileadmin/content/research/einschaetzungen/140317_Kapitalmarkt%20News_Sanktionen.pdf (25.05.2019)
94. Human Rights House https://humanrightshouse.org/wp-content/uploads/2018/12/web-Crimea-breaking-the-wall-of-silence.pdf (25.05.2019)
95. Mehrere Quellen im Aufsatz von Dr. Astor Reigstad: Allworth EA(ed). The Tatars of Crimea. The Returns to Homeland. Studies and Documents. Second Edition. Duke University Press. Durham and London 1998. Engelstad K. Tagebuch der Krim Oktober 2017. Folkediplomati Norge - Official Webside. Motadel D. Islam and Germany´s War in the Sovjet Brotherlands, 1941-45. Journal of Contemporay History 48(4), 784-820, 2013. Mejlis of the Crimean Tatar People. Official Website. (http://qtmm.org/en/ the-beginning-of- the-crimean-tatar-liberation-movement). The Beginning of the Tatar National Liberation Movement. (The text is translated from the russian by Sanoma Lee Kellogg and Inna Pidlusk. Reprinted from a book "Crimea: Dynamics, Challenges, and Prospects" edited by Maria Drohobycky and published in the USA by Rowman Litte- field Publishers Inc., 1995.) Wikipedia. Deportation of the Crimean Tatars. Wikipedia. Mejlis of the Crimean Tatar People. Ziad W. A lesson in stifling violent extrem

96. https://ru.krymr.com/a/grajdanskaya-blokada-kryma-tri-goda/29505195.html
97. https://crimea.ria.ru/opinions/20151122/1101645425.html
98. https://humanrightshouse.org/wp-content/uploads/2018/12/web-Crimea-breaking-the-wall-of-silence.pdf
99. https://de.wikipedia.org/wiki/Hizb_ut-Tahrir
100. https://verfassungsschutz.brandenburg.de/cms/detail.-php/lbm1.c.342012.de
101. https://www.gfbv.de/de/news/memorandum-drei-jahre-annexion-der-krim-8469/
102. https://www.gfbv.de/de/ueber-uns/was-wir-tun/
103. https://www.amnesty.de/informieren/aktuell/ukraine-fu-enf-jahre-krim-annexion-amnesty-zieht-duestere-bilanz / https://www.amnesty.de/jahresbericht/2018/ukraine (04.01.2020)
104. https://humanrightshouse.org/wp-content/uploads/2018/12/web-Crimea-breaking-the-wall-of-silence.pdf (04.01.2020)
105. https://de.sputniknews.com/politik/20190708325400849-osze-pace-krim-besuch-deutsche/ (04.01.2020)
106. http://www.russland.news/osze-will-situation-der-men-schenrechte-auf-der-krim-ueberpruefen/ (04.01.2020)
107. https://en.wikipedia.org/wiki/Ruslan_Balbek (04.01.2020)
108. www.folkediplomati.com (02.01.2020)
109. Internetseite: https://www.heise.de/tp/features/Keinen-Inch-weiter-nach-Osten-Was-den-Russen-zur-Wiederver-einigung-ueber-die-Nato-versprochen-wurde-3918651.html (25.05.2019)
110. https://www.stern.de/politik/ausland/nato-osterweiter-ung-wie-der-westen-einst-gorbatschow-uebertoelpelte-3839144.html (03.01.2020)
111. Video: Hans Dietrich Genscher - YouTube https://www.youtube.com/watch?v=F2iOAtNlleg (04.01.2020)
112. Buch NATO und Ost-Erweiterung - Peter Brinkmann 2015
113. Interview der BildZeitung mit M. Gorbatschow. https://www.bild.de/politik/2009/bild-medienpreis/die-deut-schen-waren-nicht-aufzuhalten-7864098.bild.html (April 2009) Video leider gelöscht. Gorbatschow zu Kai Diek-

mann und seiner Redakteurin Tanit Koch BILD-Zeitung, 2. April 2009
114.https://www.bundestag.de/parlament/geschichte/gast-redner/putin/putin_wort-244966 (20.06.2019)
115.https://www.youtube.com/watch?v=hi4rAIGkK-A (20.06.2019)
116.https://www.nato.int/nato-welcome/index.html (27.05.2019)
117.https://www.zeit-fragen.ch/de/ausgaben/2019/ nr-10-23-april-2019/20-jahre-voelkerrechtsverbrechen-krieg-gegen-serbien-rueckblick-und-analyse.html (09.06.2019)
118.https://www.nato.int/cps/en/natohq/news_161633.htm (27.05.2019)
119.https://www.nato.int/cps/en/natohq/news_161633.htm (28.05.2019)
120.https://www.sueddeutsche.de/politik/nato-ausgaben-einsaetze-1.4040856 (10.06.2019)
121.https://www.dw.com/de/kann-deutschland-sein-nato-versprechen-halten/a-47392762 (27.05.2019)
122.https://www.bmbf.de/de/der-haushalt-des-bundesministeriums-fuer-bildung-und-forschung-202.html (25.05.2019)
123.Buch: Angrep eller Forsvar - Manifest Forlaget 2015
124.https://tv.nrk.no/serie/dagsrevyen/201206/NNFA19061512/avspiller (10.06.2019)
125.https://sipri.org/sites/default/files/2018-09/sipri_yb18_-summary_de_0.pdf (10.06.2019)
126.https://www.dw.com/de/us-truppen-in-deutschland-wer-trägt-die-kosten/l-47976564 (21.06.2019)
127.https://de.sputniknews.com/infographiken/20160413309173462-stationierung-us-soldaten/ (10.06.2019)
128.https://www.zeit.de/politik/ausland/2016-05/humanitaere-hilfe-weltweit-grafik (10.06.2019)
129.http://www.oecd.org/berlin/presse/mittel-fuer-entwicklungszusammenarbeit-2017-leicht-gesunken-09042018.htm (27.05.2019)
130.https://www.lockheedmartin.com/en-us/index.html (19.06.2019)
131.Buch: Angrep eller Forsvar - Manifest Forlaget 2015

132.https://www.youtube.com/watch?v=tM6HX6LErSI (20.06.2019)
133.https://www.nato.int/cps/en/natohq/topics_52060.htm (10.06.2019)
134.https://www.nrk.no/urix/_-vil-hindre-at-afghanistan-blir-et-friomrade-for-is-1.13771452 (20.06.2019)
135.https://www.heise.de/tp/features/Die-Sicherheit-Deutschlands-wird-auch-am-Hindukusch-verteidigt-3427679.html (10.06.2019)
136.https://www.nato.int/cps/en/natolive/topics_37750.htm (29.05.2019)
137.https://www.nato.int/cps/en/natohq/topics_111767.htm#Myths (27.05.2019)
138.Internetseite: Zeitungsartikel mit Jens Stoltenberg: https://ap.mnocdn.no/images/1222b0ba-a0f0-4648-8d09-5487dc2611de?fit=crop&h=270&q=80&w=480 (02.01.2020)
139.https://www.tagesspiegel.de/gesellschaft/medien/ukraine-konflikt-im-zdf-hakenkreuz-und-ss-rune-protest-von-zuschauern/10685462.html (20.06.2019)
140.Buch: Chronical of Alive 2014–2016 - DPR
141.Buch: Chronik und Schicksal - DPR
142.https://www.osce.org/special-monitoring-mission-to-ukraine (31.05.2019)
143.https://mid-dnr.su/en/pages/docs/doklad-ob-itogah-raboty-ministerstva-inostrannyh-del-dnr-za-2016-god-01181/(26.12.2019)
144.https://www.iafc-forum.com/about-us (30.12.2019)
145.https://www.folkediplomati.com/l/atlantic-council´s-propaganda-3-0/ (30.12.2019)
146.https://www.oaklandinstitute.org/sites/oaklandinstitute.org/files/Brief_CorporateTakeoverofUkraine_0.pdf (19.06.2019)
147.https://www.youtube.com/watch?v=CDCMZibyuT4 (20.06.2019)

ÜBER DEN AUTOR

Ich bin Hendrik B. Herhaus (Weber), 1977 in Deutschland geboren und lebe seit 2006 in Norwegen. Schon früh entwickelte ich ein starkes Interesse für Außen- und Sicherheitspolitik – ein Interesse, das mich bis heute begleitet.

Seit der Ukraine-Krise im Jahr 2014 liegt mein thematischer Schwerpunkt auf den Entwicklungen in Russland, der Ukraine, dem Donbass und auf der Krim. Um mir ein eigenes Bild von der Lage vor Ort zu machen, reise ich seit 2016 regelmäßig in diese Regionen. Der direkte Austausch mit den Menschen und Gespräche mit politischen Vertretern sind mir dabei besonders wichtig – sie ermöglichen Perspektiven, die in der öffentlichen Debatte oft zu kurz kommen.

Aus dem Wunsch heraus, Brücken zu bauen und den Dialog zu fördern, habe ich 2017 die NGO Volksdiplomatie Norwegen gegründet. Ziel unserer Arbeit ist es, das gegenseitige Verständnis zu stärken und freundschaftliche Beziehungen zwischen Norwegen und Russland zu fördern – gerade in Zeiten geopolitischer Spannungen.

Für mein Engagement wurde ich 2021 unter anderem mit dem Orden der Freundschaft der Russischen Föderation ausgezeichnet – eine besondere Ehre, die ich als Ansporn verstehe, meinen Einsatz für Verständigung und Frieden fortzusetzen.

Veröffentlichungen:

2019 «Unsere Krim - Staatsstreich oder demokratische Entscheidung»
ISBN: 978-3-384-63487-0
Übersetzt auf: Norwegisch, Russisch, Englisch

2020 «Herbert Herhaus - Die Geschichte meiner Gefangenschaft und Flucht»
ISBN: 978-3-384-58183-9

2021 «Volksrepublik Donezk - Staat oder Terrororganisation»
ISBN: 978-3-8192-4545-9
Übersetzt auf: Russisch

2024 «Desinformation - Russische DNA oder westliches Narrativ»
ISBN: 978-3-384-59175-3

2025 «Kaffee, Kippen und Musik - Eine Reise in den russischen Donbass»
ISBN: 978-3-384-59092-3
Übersetzt auf: Englisch

2025 «Berufen zur Wahrheit - Warum Christen heute nicht schweigen dürfen»
ISBN: 978-3-384-59877-6

Homepage: www.hbh-media.net

FSC
www.fsc.org
MIX
Papier | Fördert gute Waldnutzung
FSC® C083411

Kolibri 360 GmbH
Ferdinand-Jühlke-Straße 7
99095 Erfurt, Deutschland
produktsicherheit@kolibri360.de